汽车美容装饰从入门到精通

刘春晖　主编

化学工业出版社

·北京·

本书系统介绍了汽车美容装饰的基本知识和方法，重点介绍了汽车美容装饰项目的操作技能，主要包括认识汽车美容装饰、汽车外部装饰、汽车内部装饰、汽车清洁、车身漆面美容、汽车玻璃美容六个方面的内容。本书内容丰富，理论适度，可操作性强。

本书可供汽车美容装饰人员、汽车维修人员、汽车油漆工等汽车服务人员阅读和参考，也可供职业院校汽车相关专业师生和汽车工程技术人员使用。

图书在版编目（CIP）数据

汽车美容装饰从入门到精通 / 刘春晖主编. —北京：化学工业出版社，2020.3（2022.9重印）
ISBN 978-7-122-36087-8

Ⅰ.①汽⋯　Ⅱ.①刘⋯　Ⅲ.①汽车-车辆保养　Ⅳ.① U472

中国版本图书馆 CIP 数据核字（2020）第 020833 号

责任编辑：辛　田　　　　　　　　　　　文字编辑：冯国庆
责任校对：王素芹　　　　　　　　　　　装帧设计：王晓宇

出版发行：化学工业出版社（北京市东城区青年湖南街13号　邮政编码100011）
印　　装：北京建宏印刷有限公司
787mm×1092mm　1/16　印张14　字数363千字　2022年9月北京第1版第2次印刷

购书咨询：010-64518888　　　　　　　　售后服务：010-64518899
网　　址：http://www.cip.com.cn
凡购买本书，如有缺损质量问题，本社销售中心负责调换。

定　价：58.00元　　　　　　　　　　　　　　　　　版权所有　违者必究

前 言

据中国汽车工业协会网站消息，2018年中国汽车产销均为2800万辆左右，连续10年蝉联全世界第一。目前中国汽车产业仍处于普及期，有较大的增长空间。中国汽车产业已经迈入品牌向上、高质量发展的增长阶段。随着人们生活水平的提高，对汽车的舒适性和装饰性的要求也越来越高。但我国汽车美容装饰行业的从业者大多没有经过系统学习和培训，理论知识不足，实践环节缺乏规范性，很多人只是单凭维修时的经验进行汽车美容装饰项目的操作，行业技术水平发展缓慢。为适应快速发展的汽车后市场，提高初学美容装饰行业人员的理论和技术水平，特组织编写本书。

汽车美容是个"边缘"词汇，与其含义相近的专业术语叫作汽车养护。汽车美容是指受过专业培训的人员，根据汽车各部位的不同材质，采用针对性的养护产品和专业工具设备，按照一定的施工工艺程序，由表及里地进行细致、周全的维护，使汽车外观洁亮如新，漆面亮光保持长久，并能有效延长汽车使用寿命的汽车养护作业，具有严格的系统性、规范性和专业性。

汽车行业专家预测，汽车制造业每投入1元钱，将会带动售后消费24～34元。一辆中档轿车用在美容装饰上的费用就可达5000～6000元。根据汽车服务行业的统计，平均每500辆汽车就需要一个美容养护店，按照这种测算，目前现有美容养护店的数量远远不能满足市场需求。汽车美容业蕴藏着巨大商机，给汽车美容提供了广阔的市场空间，同时也对汽车美容业从业人员的素质和人才培养提出了更高的要求。

汽车美容装饰知识的普及，对汽车消费者正确选择与鉴别汽车美容装饰产品，正确选择汽车美容店养护、装潢与改装汽车提供了帮助。因此，汽车美容养护业的迅速崛起和发展，不仅成为我国服务业的一个新兴支柱产业，而且也是渴望勤劳致富者的"黄金产业"。

本书系统介绍了汽车美容装饰的基本知识和方法，重点介绍了汽车美容装饰项目的操作技能，注重内容的实用性与可操作性。全书主要内容包括认识汽车美容装饰、汽车外部装饰、汽车内部装饰、汽车清洁、车身漆面美容、汽车玻璃美容六个方面。

本书由刘春晖任主编，参加本书编写工作的还有殷海访、张坤、尹文荣、高举成、方玉娟、王淑芳、张洪梅。

由于笔者水平有限，书中难免有不当之处，恳请广大读者批评指正。

编 者

目 录

第一章 认识汽车美容装饰……1

第一节 汽车美容……1
一、汽车美容的定义和范畴……1
二、汽车美容的分类……1
三、汽车美容的作用……3

第二节 汽车装饰……5
一、汽车装饰的定义和范畴……5
二、汽车装饰的分类……6
三、汽车装饰项目注意事项……6

第三节 汽车美容装饰作业……7
一、汽车美容装饰作业项目……7
二、汽车美容装饰的依据与原则……13
三、汽车美容装饰作业的基本条件……15

第四节 汽车美容装饰环保安全规范……16
一、汽车美容装饰环保……16
二、汽车美容装饰安全防护知识……19
三、汽车美容装饰施工安全操作规程……23
四、工具设备安全操作规程……25

第二章 汽车外部装饰……26

第一节 车身大包围……26
一、车身大包围的概念、作用和组成……26
二、车身大包围的类型……27
三、车身大包围的设计原则、制作工艺与安装……27
四、加装大包围的注意事项……29

第二节 导流板和扰流板……29
一、相关空气动力学原理……29
二、导流板和扰流板的作用……31

三、导流板和扰流板的选用及安装 ································· 31
　第三节　保险杠装饰 ································· 32
　　一、保险杠的作用 ································· 32
　　二、保险杠的分类和结构 ································· 32
　　三、保险杠的选择和安装 ································· 36
　　四、保险杠划痕的修复 ································· 36
　第四节　底盘装甲与喷塑 ································· 37
　　一、底盘装甲和喷塑的作用与区别 ································· 37
　　二、底盘装甲和喷塑的涂料用品及工具 ································· 38
　　三、底盘装甲的操作 ································· 39
　第五节　汽车彩绘 ································· 41
　　一、汽车彩绘的定义与要求 ································· 41
　　二、彩绘工具和设备 ································· 42
　　三、形体模板 ································· 42
　　四、喷绘流程 ································· 44
　　五、汽车喷绘注意事项 ································· 49
　第六节　车身外表贴饰 ································· 50
　　一、车贴 ································· 50
　　二、汽车装饰条 ································· 54
　　三、贴"犀牛皮" ································· 56
　第七节　车顶行李架或车顶箱装饰 ································· 59
　　一、车顶行李架或车顶箱的作用 ································· 59
　　二、正确选择车顶行李架 ································· 60
　　三、安装步骤 ································· 61
　　四、注意事项 ································· 65
　第八节　车身局部装饰 ································· 65
　　一、车身局部装饰的分类 ································· 65
　　二、眼线装饰 ································· 66
　　三、车身贴花装饰 ································· 66
　　四、轮眉装饰 ································· 68
　　五、安装防撞条 ································· 71
　　六、中网框装饰 ································· 73
　　七、其他局部装饰 ································· 73

第三章　汽车内部装饰 ································· 76

　第一节　汽车内衬装饰 ································· 76
　　一、顶棚内衬的种类 ································· 76
　　二、顶棚内衬的装饰方法 ································· 78
　　三、顶棚内衬装饰的注意事项 ································· 80
　第二节　仪表板装饰 ································· 80
　　一、汽车仪表板的性能要求 ································· 80

  二、仪表板的类型…………………………………………………………………81
  三、仪表板的装饰方法……………………………………………………………86
 第三节 汽车座椅装饰……………………………………………………………88
  一、座椅的分类……………………………………………………………………88
  二、座椅的装饰……………………………………………………………………90
  三、儿童座椅的安装………………………………………………………………96
 第四节 地板的装饰………………………………………………………………97
  一、地板装饰材料的选用…………………………………………………………97
  二、铺装汽车地毯…………………………………………………………………97
  三、脚垫的装饰……………………………………………………………………99
 第五节 汽车香水装饰……………………………………………………………102
  一、汽车用香水……………………………………………………………………102
  二、汽车用香水的选购与使用……………………………………………………105

第四章 汽车清洁 107

 第一节 汽车清洁剂………………………………………………………………107
 第二节 常用洗车设备及清洁工具………………………………………………110
  一、常用洗车设备…………………………………………………………………110
  二、常用清洁工具…………………………………………………………………115
 第三节 汽车外部清洗……………………………………………………………117
  一、汽车清洗简介…………………………………………………………………117
  二、汽车外部清洗的作用…………………………………………………………118
  三、汽车外部清洗时机……………………………………………………………119
  四、外部清洗的分类………………………………………………………………120
 第四节 汽车清洗工艺……………………………………………………………122
  一、普通清洗………………………………………………………………………122
  二、电脑洗车设备清洗汽车………………………………………………………125
  三、无水洗车………………………………………………………………………128
 第五节 汽车内部清洁……………………………………………………………131
  一、车内清洁的主要项目…………………………………………………………131
  二、车内清洁的主要设备和材料…………………………………………………132
  三、车内除尘………………………………………………………………………135
  四、仪表板和方向盘的清洁及注意事项…………………………………………136
  五、车顶棚和内饰板的清洁………………………………………………………138
  六、座椅的清洁……………………………………………………………………140
  七、地毯和脚垫的清洁……………………………………………………………142
  八、车内消毒和空气清新剂………………………………………………………142
 第六节 其他部位清洁……………………………………………………………144
  一、发动机舱清洁…………………………………………………………………144
  二、汽车底盘清洁…………………………………………………………………149
  三、轮胎和轮毂清洁………………………………………………………………151

四、后备厢清洁 ··· 153

第五章　车身漆面美容 ·· 155

第一节　汽车漆面打蜡 ··· 155
　　一、汽车蜡 ··· 155
　　二、护理设备 ·· 160
　　三、汽车打蜡操作规范 ·· 161
　　四、注意事项 ·· 163
第二节　汽车封釉 ·· 164
　　一、汽车封釉及优势 ··· 164
　　二、汽车封釉的工艺流程 ··· 165
第三节　漆面镀膜 ·· 167
　　一、漆面镀膜的操作类型及作用 ·· 167
　　二、漆面镀膜的工艺流程 ··· 168
第四节　漆面研磨、抛光与还原 ··· 169
　　一、研磨剂、抛光机及抛光盘 ··· 170
　　二、研磨、抛光、还原的操作 ··· 173
第五节　漆面褪色、失光的美容护理 ·· 177
　　一、漆面老化、失光的原因 ·· 177
　　二、漆面失光原因的判别 ··· 179
　　三、漆面失光的处理方法 ··· 179
　　四、严重失光的处理方法 ··· 180

第六章　汽车玻璃美容 ·· 181

第一节　汽车玻璃的清洁及护理 ··· 181
　　一、常用的玻璃美容养护用品 ··· 181
　　二、汽车玻璃的清洁护理 ··· 183
第二节　汽车玻璃的损伤修复 ·· 185
　　一、汽车玻璃损伤的种类 ··· 185
　　二、汽车玻璃损伤修复 ·· 186
　　三、汽车玻璃裂纹的修复 ··· 187
第三节　汽车车窗膜结构及鉴别 ··· 189
　　一、车窗贴膜的作用 ··· 189
　　二、车窗膜的种类与基本结构 ··· 191
　　三、车窗膜的性能指标 ·· 191
　　四、车窗膜的选择与鉴别 ··· 193
　　五、车窗膜的品牌 ·· 194
第四节　汽车玻璃的贴膜工艺 ·· 195
　　一、汽车玻璃膜的结构特性 ·· 195

二、汽车玻璃膜质量的鉴别 …………………………………………………… 199
　　三、汽车玻璃膜的下料工艺 …………………………………………………… 200
　　四、汽车玻璃膜的热成型与排水工艺 ………………………………………… 201
　第五节　汽车玻璃贴膜的施工 …………………………………………………… 203
　　一、汽车玻璃贴膜的施工场地 ………………………………………………… 203
　　二、汽车玻璃贴膜的施工工具 ………………………………………………… 204
　　三、清洗液和安装液 …………………………………………………………… 205
　　四、汽车侧窗玻璃的贴膜 ……………………………………………………… 206
　　五、汽车前后挡风玻璃的贴膜 ………………………………………………… 210
　　六、处理贴膜缺陷 ……………………………………………………………… 211

参考文献 ……………………………………………………………………… 216

第一章 认识汽车美容装饰

第一节 汽车美容

一、汽车美容的定义和范畴

1. 汽车美容的定义

"汽车美容"源于西方发达国家,英文名称为"car beauty"或"car care"。所谓汽车美容,是指针对汽车各部位不同材质所需的保养条件,采用不同性质的汽车美容护理产品及施工工艺,对汽车进行全新保养护理,以达到延长汽车使用寿命,增强其装饰性和美观性的一种行为。

2. 汽车美容的范畴

目前的汽车美容由于借鉴了人类"美容养颜"的基本思想,被赋予新的内涵,正逐步形成现代意义的汽车美容。因而,汽车美容不再只是简单的汽车打蜡、除渍、除臭、吸尘及车内外的清洁服务等常规美容护理,还包括利用专业美容系列产品和高科技技术及设备,采用特殊的工艺和方法,对漆面进行增光、打蜡、抛光、镀膜及深浅划痕处理,全车漆面美容、底盘防腐涂胶处理和发动机表面翻新等一系列养车技术,以达到"旧车变新,新车保值,延寿增益"的功效。

二、汽车美容的分类

1. 根据美容场所的不同分类

① 美容店式汽车美容(图1-1)。
② 家庭式汽车美容(自助汽车美容)。

2. 根据汽车实际美容程度分类

（1）一般汽车美容　一般汽车美容（图1-2），即人们常说的洗车、打蜡，就是经常所见的路边的小店经营，几个人用高压清洗机、几条毛巾、几瓶简单廉价的护理产品进行的"汽车美容"。这种方法只能去除汽车表面的污物、尘土，接下来的打蜡也仅增加车身表面的光亮度，是一种粗浅的美容方法。从业者只是简单地模仿别人清洗和美容步骤，缺乏理论支持和系统培训，不能针对车身漆膜不同程度的氧化和老化，制定不同的美容护理方案而进行不同的美容操作。

图1-1　美容店式汽车美容

图1-2　一般汽车美容

（2）汽车修复美容　如图1-3所示，汽车修复美容是指对车身漆面或内饰件表面出现某种缺陷后所进行的恢复性美容作业。缺陷主要有漆膜病态、漆面划痕和斑点、内饰件表面破损等，根据缺陷的范围和程度不同分别进行表面处理、局部修补、整车翻新及内饰件修补更换等美容作业。例如局部修补美容工序如下：砂平划痕→涂快干原子灰→研磨→涂快干底灰→涂底色漆→涂罩光漆→清除接口。

相对于一般汽车美容，汽车修复美容是在设备、工具比较齐全，有一定修复美容工艺的较正规的汽车美容店进行的，因而能满足汽车美容的基本要求，达到一个较理想的美容护理效果。但是这种美容仅仅针对车身漆膜的缺陷部分，而未考虑其他部位的保养与护理，因此

图1-3 汽车修复美容

所做的美容护理不够全面和彻底。

（3）专业汽车美容　专业汽车美容是一个不仅包括汽车清洗、打蜡，而且包括汽车护理用品的选择与使用、汽车漆膜护理（包括各类漆膜缺陷的美容、汽车划痕修复等）、汽车装饰等内容的极其复杂的系统工程。专业汽车美容店如图1-4所示。

图1-4 专业汽车美容店

专业汽车美容与一般的洗车、打蜡等汽车美容完全不同。从一般意义上讲，专业汽车美容，是通过先进的设备和数百种用品，经过几十道工序，从车身、内室（包括地毯、皮革、丝绒、仪表、音响、顶棚、冷热风口、排挡区等）、发动机（免拆清洗）、钢圈、轮胎、底盘、保险杠、油路、电路、空调系统、冷却系统、进排气系统等部位进行彻底清洗、保养和维护，且对较深划痕进行特殊快速修复，从而使整车焕然一新。

三、汽车美容的作用

1. 美化环境

随着我国国民经济的不断发展和科学技术的不断进步，以及人们生活水平的不断提高，道路上行驶的汽车也越来越多。五颜六色的汽车装扮着城市的各条道路，对城市起着美化作用，给人们带来美的享受。这些成果的得来与我国汽车美容业的兴起是分不开的，如果没有汽车美容，道路上行驶的汽车车身将会是灰尘和污垢堆积，色泽暗淡，甚至锈迹斑斑，这样将会形成与美丽的城市建筑极不协调的景象。因此，美化城市环境离不开汽车美容。图1-5所示为汽车美容施工前后对比。

图1-5　汽车美容施工前后对比

2. 保护汽车

汽车漆膜是汽车金属表面的保护层，它使物体表面与空气、水分、日光以及外界腐蚀物质隔离，起着保护物面、防止腐蚀的作用，从而延长金属等物体的使用寿命。汽车在使用过程中，由于风吹、日晒和雨淋等自然侵蚀，以及环境污染的影响，漆膜会出现失光、变色、粉化、起泡、龟裂以及脱落等老化现象。另外，交通事故、机械撞击等也会造成漆膜损伤。一旦漆膜损坏，金属等物体便失去保护的"外衣"。为此，加强汽车美容作业，维护好汽车表面漆膜，是保护汽车金属等物体的前提，并使车辆美观、保值。图1-6所示为常见的汽车漆膜损伤。

(a) 水痕纹

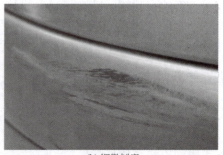
(b) 细微划痕

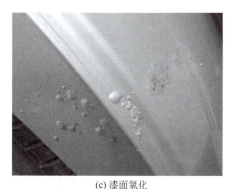
(c) 漆面氧化

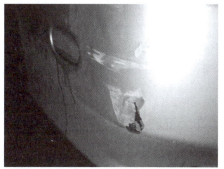
(d) 车漆脱落

图1-6　常见的汽车漆膜损伤

3. 装饰汽车

随着人们消费水平的提高，对一些中、高档轿车来说，不仅仅是一种交通工具，还是车主的一种身份的象征。车主不仅要求汽车具有优良的性能，而且要求汽车具有漂亮的外观，并想方设法把汽车装扮得靓丽美观，这就对汽车的装饰性提出了更高的要求。汽车的装饰性不仅取决于车型外观设计，而且取决于汽车表面色彩、光泽等因素。通过汽车美容作业，可以使汽车涂层平整、色彩鲜艳和色泽光亮，长时间保持美丽的外观。图1-7所示为加装了大包围的轿车。

图1-7　加装了大包围的轿车

第二节　汽车装饰

一、汽车装饰的定义和范畴

1. 汽车装饰的定义

汽车装饰是一个由汽车后市场高速发展而衍生出的新兴行业，通常指在原厂车的基础上通过加装、改装或更新车上装备和附件，以提高汽车的美观性、装饰性和安全性的行为。而所增加的附属物品则常常称为汽车饰品或汽车装车件。

伴随着我国汽车工业的迅猛发展，汽车保有量持续增长，越来越多的汽车进入千家万户，汽车消费行为正在由少数化、行政化走向大众化和个性化。与之相伴而来的是人们对于汽车的理解，也远远超出了代步工具的范畴，由承载体变成文化和时代的象征。广大车主在车身造型设计、乘坐舒适性、装饰性等方面对汽车提出了更高的要求，汽车装饰业便应运而生。

2. 汽车装饰的范畴

越来越多的从业人员在经营汽车装饰美容专营店时，在很多时候始终面对这样一些尴尬的情况：对于外观改变的车辆在交通主管部门审验车辆时通不过，或者做过车身贴饰的车辆在正常行驶时被交警处罚或者车辆被扣。一般来说，对汽车进行装饰主要是按照车主的意图改造汽车，然而并非可以随心所欲地对汽车的外观和内饰进行修改，汽车装饰的过程必须遵循一些基本原则：一是必须严格按照国家相关法规执行，否则将给车主带来各种各样的麻烦；二是针对涉及安全设备或装置的装饰，必须要征得消费者的同意，不得擅自对汽车安全部件进行修改，以免影响汽车的基本性能，从而带来很多安全隐患。从业者在对消费者进行相关项目介绍以及建议消费者选择相关产品时应注意汽车装饰业务的范畴。

二、汽车装饰的分类

汽车装饰主要有两种分类方法：一类是按照装饰部位进行分类；另一类是按照装饰作用进行分类。

（1）按照装饰部位进行分类

① 汽车外部装饰，包括顶盖、车窗、车身周围、车灯、车轮、底盘。

② 汽车内部装饰，包括地板、门内护板、门边饰板、棚壁、座椅、仪表板。

③ 其他装饰，包括车载电子电气设备、通信设备、智能设备、防盗防护设备。

（2）按照装饰作用进行分类

① 美观类：个性贴花、车身大包围、空气扰流组件等。

② 舒适类：天窗、座椅装饰、桃木装饰等。

③ 娱乐类：各种视听设备、娱乐设备等。

④ 防盗类：各种防盗设备和工具。

⑤ 保护类：保险杠、防撞胶条、防滚架等。

⑥ 便利类：电动门窗、集控门锁、车载电话、电子导航装置等。

⑦ 实用类：车载冰箱、车载氧吧、车载货架等。

⑧ 安全类：倒车雷达、可视倒车装置、安全带、安全气囊等。

三、汽车装饰项目注意事项

1. 注意要严格依照相关法令进行

《机动车登记规定》明确规定，机动车不得擅自改装。要进行机动车变更，必须在交通管理部门规定的范围内进行，即可以对车身颜色、发动机、燃料种类、车架号码等进行改装，但驾驶员在提交申请后，必须要经过交通管理部门批准，才可进行改装。同时，对车身、车架、发动机的变更，要在已经损坏无法修复或者存在质量问题的前提下才能进行。如果车身改装的要求太过离谱，改出来后会面目全非的，交通管理部门一般不会批准。

2. 注意"禁用三色"

在车身颜色方面，有三种颜色不能批准，即红色（消防专用）、黄色（工程抢险专用）、上白下蓝（国家行政执法专用）。

3. 注意要以行车安全性为原则

对于行车安全性需要注意，在驾驶员驾驶区不要进行挂饰、摆饰等饰品的装饰，尽量不要在驻车制动器、仪表板、仪表台放置不固定的物品，以免在紧急状况下发生制动踏板被杂物卡滞的危险。

4. 注意协调、实用、整洁和舒适原则

进行汽车装饰时应该注意内饰件的色调和款式要协调，尽量不要使用对头色，多使用邻近色或协调色；对于部分饰品的使用应遵循够用原则，如坐垫选择一两款即可，没有必要整个座位上放置三四款。

5. 注意装饰工作的顺序

汽车装饰的一般步骤是由表及里，先主后辅。具体的是先装饰车窗玻璃，后装饰顶棚、门衬里、隔声降噪材料、影音设备，再装饰座椅、坐垫、脚垫以及其他饰物。

第三节　汽车美容装饰作业

一、汽车美容装饰作业项目

专业汽车美容装饰护理的特点是施工项目多、覆盖范围广，既有简单的也有复杂的，可随意组合，服务灵活多变，作业时间短、见效快。当前流行的汽车美容与护理的主要项目如图1-8所示。

图1-8　当前流行的汽车美容与护理的主要项目

1. 车表美容

如图1-9所示，车表美容包括汽车外部清洗，漆面附着物的去除，新车开蜡，轮胎与轮辋的养护美容，汽车玻璃的美容护理，不锈钢、电镀件的美容护理，塑料装饰件的美容护理，车灯的美容护理，玻璃洗涤器的日常检查等内容。

(a) 汽车外部清洗

(b) 漆面附着物的去除

(c) 新车开蜡

(d) 轮胎与轮辋的养护美容

(e) 汽车玻璃的美容护理

(f) 不锈钢、电镀件的美容护理

(g) 塑料装饰件的美容护理

(h) 车灯的美容护理

(i) 玻璃洗涤器的日常检查

图 1-9　车表美容项目

2. 汽车内饰清洁护理

如图1-10所示，汽车内饰清洁护理包括车室的清洁护理、汽车发动机室的清洁护理和后备厢的清洁护理等项目。其中车室美容包括车室除尘、顶棚、仪表板、方向盘、座椅、头枕、安全带、桃木内饰、中控台、门内护板、地毯和脚垫、空调通风口的清洁保护，以及蒸汽杀菌、室内空气净化等项目。发动机室的清洁护理包括发动机冲洗清洁、喷上光保护剂等清洁、检查、维护项目。

(a) 车室除尘

(b) 顶棚的清洁与护理

(c) 仪表板的清洁护理

(d) 方向盘的清洁护理

图 1-10

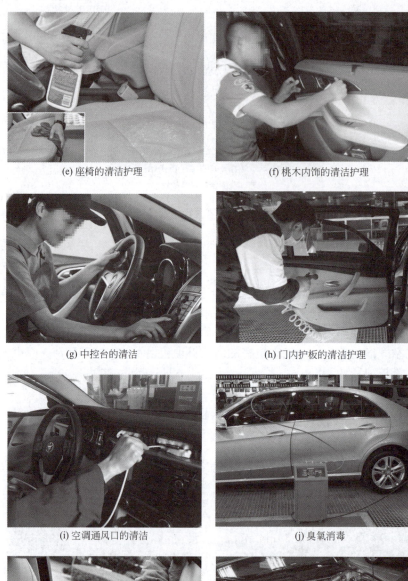

(e) 座椅的清洁护理　　　　　(f) 桃木内饰的清洁护理

(g) 中控台的清洁　　　　　(h) 门内护板的清洁护理

(i) 空调通风口的清洁　　　　　(j) 臭氧消毒

(k) 光催化剂消毒　　　　　(l) 发动机室的清洁护理

图 1-10　汽车内饰清洁护理项目

3. 漆膜的美容

在汽车美容装饰作业中,漆膜的美容主要分为护理美容、翻新美容及修复美容三类。

(1) 护理美容　护理美容是指汽车在正常使用中进行的护理,目的是保护漆膜,使漆膜光泽持久、避免粗糙、失去弹性和光泽。汽车在外部清洗之后的漆膜美容护理项目主要有打蜡、封釉或镀膜。

① 打蜡。如图1-11所示,给车漆打蜡,不仅可以使蜡在车漆表面形成清晰度较高的保护膜,而且能够起到上光、防水、防紫外线、防静电等作用。打蜡可以通过人工操作完成,也可以用打蜡机作业。但蜡可溶于水,起不到长期保护漆膜的作用。

② 封釉。釉质主要有抗氧化、耐酸碱、光亮持久、密封、抗划痕等作用。如图1-12所示,汽车封釉就是采用先进工艺与专用工具将高分子釉剂挤压进车漆的纹理中,使之在车漆内形成牢固的网状保护层并附着在车漆表面,大大提高车漆的硬度,降低其表面粗糙度,并有6个月左右的保持功效。汽车封釉之后无需打蜡,而汽车打蜡之后也不能封釉,要想封釉,必须用脱蜡洗车液将汽车清洗干净后才可进行。

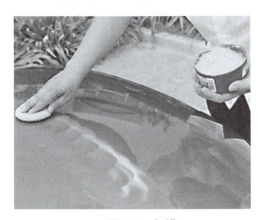

图1-11 打蜡

图1-12 封釉

③ 镀膜。如图1-13所示,镀膜就是用镀膜机将带有负离子的液态蜡,均匀地喷涂到车漆上,由于液态蜡带有静电,所以会自动吸附到车漆上,在车漆表面形成一层蜡质保护层。镀膜的防护时效可达1年以上,在此期间,日常养护只需要用清水冲洗即可。

(2)翻新美容 翻新美容是指受污染的漆膜粗糙失光,此时不需喷漆,经过翻新美容后就能达到原来的效果。旧车漆膜翻新美容的施工工艺为车身清洗→漆膜研磨→漆膜抛光→漆膜还原→打蜡上光或封釉。

① 研磨。如图1-14所示,研磨是去除漆膜表面的氧化层、轻微划痕等缺陷的工序。漆膜划痕修复时也会用到研磨、抛光等工序,以去除轻微划痕。研磨是漆膜轻微缺陷修复的第一步,要求使用专用的研磨剂,用研磨/抛光机作业。

图1-13 镀膜

图1-14 研磨

② 抛光。如图1-15所示，抛光是紧接着研磨的第二道工序，其目的是去除研磨留下的打磨痕迹。要求使用专用的抛光剂，用研磨/抛光机作业。

③ 还原。如图1-16所示，还原是紧接着抛光的第三道工序，其目的是通过还原剂将车漆的光泽还原回新车的状态。其产品有两种：一种是还原剂；另一种是增艳剂。增艳剂在还原的基础上具有增艳作用。还原作业要求使用专用的还原剂或增艳剂，用研磨/抛光机作业。

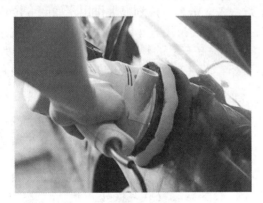

图1-15　抛光

图1-16　还原

（3）修复美容　修复美容（图1-17）是指对车身漆膜有损伤的部位和内饰物出现破损的部位进行恢复性作业，其中包括对漆膜表面的病态、损伤和车室物件的破损进行修补处理等作业内容。汽车修复美容一般先进行漆膜修复，然后进行美容。汽车修复美容的工艺过程一般为表面准备工作→清除旧漆和除锈→底漆的施工→原子灰的施工→中涂底漆的施工→面漆的施工→面漆层的修整。视涂层的损坏状态和现场的具体条件执行以上工序。

汽车修复美容应在正规的汽车美容中心进行，它需要必要的设备和工具，必须有一定的修复美容工艺才能满足汽车美容装饰的基本要求。但是，这种美容并非很完善，对整车而言，只是对车身的漆膜部分进行了维护。

修复美容维护作业项目有以下几项内容。

① 漆膜病态处理。漆膜病态是指漆膜质量与规定的技术指标相比存在缺陷，如图1-18所示。漆膜病态有上百种，按病态产生的时机不同可分为涂装中出现的病态和使用中出现的病态两大类。对于各种不同的漆膜病态，应分析具体原因，并采取有效措施积极防治。

图1-17　修复美容

图1-18　漆膜病态

② 漆膜划痕处理。漆膜划痕是因剐擦、碰撞等原因造成的损伤，如图1-19所示。当漆膜出现划痕时，应根据划痕的深浅程度，采取不同的工艺进行修复处理。

③ 漆膜斑点处理。漆膜斑点是指漆膜接触了沥青、飞漆、焦油、鸟粪等污物，在漆膜上留下的污迹，如图1-20所示。对斑点的处理应根据斑点在漆膜中渗透的深度不同而采取不同的工艺。

图1-19　漆膜划痕

图1-20　漆膜斑点

④ 涂层局部修补。涂层局部修补是指当汽车漆膜出现局部失光、变色、粉化、起泡、龟裂、脱落等严重老化现象或因交通事故导致涂层局部破损时，所进行的局部修补涂装作业，如图1-21所示。汽车涂层局部修补虽然作业面积较小，但要使修补漆膜与原漆膜的外观、光泽、颜色达到基本一致，需要操作人员具有丰富的经验和高超的技术。

⑤ 涂层整体翻修。涂层整体翻修是指当全车漆膜出现严重老化时所进行的全车翻新涂装作业，如图1-22所示。其作业内容主要有修补前的准备工作、涂层表面处理、底漆的施工、原子灰的刮涂与打磨、中涂底漆的施工、面漆喷涂、面漆层的修整等。

图1-21　涂层局部修补

图1-22　涂层整体翻修

二、汽车美容装饰的依据与原则

1. 汽车美容装饰的依据

汽车美容装饰应根据车型、车况、使用环境及使用条件等因素，有针对性地、合理地安排美容作业的时机及项目。

（1）因车型而异　由于汽车美容装饰项目、内容及使用的用品不同，其价位也不一样。对汽车进行美容不仅要考虑到工艺的难度和效果，同时也要考虑费用问题。因此，不同档次的汽车所采取的美容作业及使用的美容用品应有所不同。对于高档汽车应主要考虑美容的效果，而对于一般汽车只要进行一般的美容作业即可。

（2）因"车况"而异　汽车美容装饰作业应以汽车漆膜及其他物面的实际状况制定工艺路线，有针对性地进行美容作业。车主或驾驶员应经常对汽车表面进行检查，发现异变现象要及时处理。如车漆表面出现裂痕，尤其是较深的划痕，若处理不及时，导致金属锈蚀，就会增大处理难度。

（3）因"环境"而异　汽车行驶的地域和道路不同，对汽车进行美容操作的时间和项目也不同。如汽车经常在污染较重的工业区使用，则应缩短汽车清洗周期，经常检查漆膜有无污染、色素沉着，并采取积极预防措施；如汽车在沿海地区使用，由于当地空气潮湿，且大气中含盐分较多，一旦漆膜出现划痕，应立即采取治理措施，否则会很快造成内部金属锈蚀；如汽车在西北地区使用，由于当地风沙较大，漆膜易失去光泽，则应缩短抛光、打蜡的周期。

（4）因"季节"而异　不同的季节、气温和气候的变化，对汽车表面及车室具有不同的影响。如汽车在夏季使用，由于高温易使漆膜老化；在冬季使用，由于严寒易使漆膜冻裂，均应进行必要的预防护理作业。另外，冬夏两季车内经常使用空调，车窗紧闭，车内易出现异味，应定期进行杀菌和除臭作业。

2. 汽车美容装饰的原则

汽车美容装饰护理的对象是汽车，而汽车是价格较高的物品，在实施汽车美容护理及实际操作中都应该遵循一定的原则。

（1）护理原则

① 预防与治理相结合的原则。汽车美容装饰以预防为主，即在汽车漆膜及其他物面出现损伤之前进行必要的维护作业，预防损伤的发生。一旦出现损伤应及时进行治理，使其恢复原来状况。因此，汽车美容装饰应坚持预防与治理相结合的原则。

② 车主护理与专业护理相结合的原则。汽车美容装饰中的很多项目属于经常性的维护作业，如除尘、擦车、检查等，几乎天天要进行，这些简单的护理作业，只要车主或驾驶员掌握一定的汽车美容知识，完全可以自己完成。但定期到专业汽车美容场所进行美容是必不可少的，因为还有很多美容项目是车主无法完成的。尤其是汽车漆膜、内外饰出现某些问题时，必须进行专业护理。为此，车主或驾驶员自己进行的护理一定要与专业护理相结合，这样才能将汽车护理得更好。

③ 单项护理与全套护理相结合的原则。汽车美容作业应有针对性地选择项目和内容，进行某些单项护理就能解决问题的不必进行全套护理，这样不仅是为了节省费用，同时对汽车本身也是有利的。例如，汽车漆膜的厚度是一定的，如果每次汽车漆膜美容都进行全套的研磨、抛光、打蜡，这样漆膜厚度很快会变薄，当磨至露底色漆时，就必须进行重新喷漆，这就得不偿失了。当然在需要时对汽车进行全面护理也是必要的，关键是要根据不同情况具体对待。

④ 局部护理与全车护理相结合的原则。汽车漆膜局部出现损伤时，只要对局部进行处理即可，只有在全车漆膜绝大部分出现损伤时，才有必要进行全车漆膜处理。在实际工作中，应根据需要决定护理的面积，只需局部护理的，不要扩大到整块板；只需整块护理的，不要扩大到全车。

（2）操作原则

① 以稳妥为主，取稳避莽。急于求成是许多人容易犯的毛病，急躁是造成事故的主要

原因之一。汽车美容护理中出现的事故都是严重的，因为汽车的本身价值高。如果在研磨中把车漆磨透了，这辆车必须重新喷漆。当遇到难题时要停下来，弄懂之后再做，不能用汽车来做试验，不可蛮干硬来。

② 以质量为准，取轻避重。在保证质量的前提下，能用柔和型用品时就不用强力型；能用微切就不用中切；能用稀释的就不用浓缩的；能用低速就不用高速；能用轻力就不用大力。只要把活干好，轻的永远比重的强。

③ 以特性为主，避免强力。专业人员应从用品的特性上去理解用品，而不应从用品的名称去理解。例如，丝绒清洗剂和发动机清洗剂对普通消费者来说是两种不同的产品，但对专业人员来说，它们都是用来去油的，发动机清洗剂的去油性强。了解了这一点，专业人员也可以用丝绒清洗剂来清洗不太油的发动机。在所有的内饰清洁中，由于材质的不同，其清洗的力度也有轻有重。丝绒最"娇气"，应使用柔和型的清洗剂，地毯清洗剂清洗能力是最强的。遵循前两条专业美容护理原则："取稳避莽，取轻避重"，在清洗内饰时，就可以用丝绒清洗剂来清洗整个内饰，包括化纤、地毯等。如果都干净了，也就没有必要使用强力清洗剂了。这一原则，在洗车、打蜡、抛光等工序中同样适用。

④ 以精细为准，避免粗糙。专业美容是细活，仅次于艺术品的制作。边边角角的地方应特别注意，不能遗漏，一个小小的污点就有可能破坏整个形象，精益求精是专业汽车美容护理争取回头客的"法宝"。

三、汽车美容装饰作业的基本条件

专业汽车美容装饰作业必须要具备下面 5 个条件。

① 应有专用的汽车美容装饰操作工作室。工作室应与外界隔离，并设有专门的漆膜维修处理工作室、干燥室、清洗室、美容护理室，而且相互不应干扰。

② 各工作室应有相应的专用设备、工具及能源，可供施工所用。现代汽车美容装饰项目及设备用品如表1-1所示。

表 1-1　现代汽车美容装饰项目及设备用品

序号	汽车美容装饰项目	作业项目	设备及用品
1	车表清洗	普通清洗	高压（冷/热）清洗机、泡沫机、香波清洗剂（洗车液）、压缩机、气枪、麂皮、毛巾、板刷、车轮清洁上光剂
		精细清洗	高压（冷/热）清洗机、泡沫机、香波清洗剂（洗车液）、压缩机、气枪、麂皮、毛巾、板刷、车轮清洁上光剂、焦油沥青清洗剂、树脂清洁剂、脱蜡清洁剂
		电脑洗车机清洗	电脑洗车机、水蜡、专用洗车液
2	漆膜美容	新车开蜡	强力开蜡水、无纺毛巾及清洗设备
		漆膜打蜡	打蜡机、打蜡海绵、保护蜡、上光蜡
		漆膜失光处理	抛光/研磨机、研磨剂、抛光剂、还原剂、漆面增艳剂、漆面保护剂
		发丝划痕的处理	抛光/研磨机、研磨剂、抛光剂、还原剂、漆面增艳剂、漆面保护剂
		漆膜封釉	封釉振抛机、抛光/研磨机、研磨剂、抛光剂、还原剂、镜面釉、黏土、烤灯
		漆膜镀膜	抛光/研磨机、研磨剂、抛光剂、还原剂、镀膜材料、增艳剂

续表

序号	汽车美容装饰项目	作业项目	设备及用品
3	车饰美容	内饰美容	吸尘/吸水器、高温蒸汽清洗机、喷壶、毛巾、真皮清洗剂、塑料清洗剂、纤维织物清洁保护剂、真皮上光保护剂、地毯清洁剂
		外饰美容	玻璃清洗机、玻璃抛光剂、拨水剂、喷壶、毛巾、轮胎清洗保护剂、轮胎上光剂、塑胶清洗剂、镀铬抛光剂
		发动机室美容	高压清洗机、空气压缩机、喷枪、喷壶、毛巾、发动机表面活性清洗剂、光亮保护剂、塑料膜、电子清洗剂、塑胶保护剂等
4	汽车防护	安装防爆太阳膜	软刮刀、硬刮刀、喷壶、剪刀、模板、防爆太阳膜、数显烤枪
		安装防盗器、中控门锁	防盗器、中控门锁、万用表、胶布、剪刀、测试笔
		安装倒车雷达	倒车雷达、电钻、钻头、万用表、胶布、介刀、笔
		底盘装甲	空气压缩机、油水分离器、专用喷枪、汽车举升机、抹布、遮蔽胶带、遮盖纸、报纸、大张塑料薄膜、底盘装甲材料
5	汽车电气装潢	安装车载导航仪	专用车载导航仪、汽车音响空调内饰拆卸工具、万用表、12V测试笔、绝缘胶布、密封胶、剥线钳、高温风枪、热缩管及常规拆装工具
		安装氙气灯	氙气灯、万用表、12V测试笔、绝缘胶布、密封胶、剥线钳、高温风枪、电钻及常规拆装工具
6	汽车装饰与保护膜装贴	车贴装贴	喷壶、香波清洗剂、除蜡水、柏油清洗剂、神奇泥、介刀、热风枪、刮板、毛巾
		汽车保护膜装贴	喷壶、香波清洗剂、除蜡水、柏油清洗剂、神奇泥、介刀、热风枪、刮板、尺子、毛巾

③ 所有施工人员和技术人员必须经过专业技术培训,取得上岗证书后,方可进行施工。

④ 汽车美容用品及有关材料必须是正规厂家生产的合格品,而且应是配套使用的相关产品,这可避免在汽车美容施工时出现质量事故。

⑤ 有必要的售后服务保障。售后服务是对专业美容的补充,是专业美容的延续,可保证当一些质量问题出现后,能及时有效地进行补救处理,既可在消费者心目中树立汽车美容企业的良好服务形象,也是对消费者权益的保证。

第四节 汽车美容装饰环保安全规范

汽车美容装饰施工中必须坚持"预防为主,安全第一"的原则,防止发生火灾、中毒、触电等伤亡事故,防止出现职业病,保障职工身体健康,确保人身和财产的安全。因此,施工人员应学习和掌握有关安全防护方面的知识,严格按安全操作规程进行施工。

一、汽车美容装饰环保

在汽车美容施工中,所产生的废气、废水及废物等污染物,如处理不当将导致大气污染、水质污染和土壤污染，造成社会性公害。因此，治理"三废"是汽车美容施工中不可忽视的重要问题。

1. 废气的处理

汽车美容施工中产生的废气主要来源于喷涂过程中散发的漆雾和溶剂挥发产生的蒸气。为防止造成大气污染，常采用活性炭吸附法、催化燃烧法和直接燃烧法等进行治理。

（1）活性炭吸附法　这种方法是采用活性炭作为物理吸附剂，利用其毛细管的凝聚作用和分子间的引力，把有害物质吸附在活性炭表面上，使废气净化。

活性炭吸附法使用的设备有预处理设备、吸附罐、后处理设备等。其工艺过程是，将有机溶剂挥发气体经过滤、抽风、冷却后送往吸附罐内，通过活性炭层直至饱和；再以一定压力的工业蒸气处理饱和的活性炭，使之析出被吸附的溶剂气体；然后将析出的溶剂气体与水蒸气混合物经冷却器冷却并使其分层，最后回收有机溶剂。

活性炭吸附处理后，废气排放浓度可达到国家标准规定。该方法的优点是可回收溶剂，可净化低浓度、低温废气，不需加热。缺点是需要预处理除去漆雾、粉尘、烟、油等杂质，高温废气需要冷却。

（2）催化燃烧法　这种方法是将作为有机溶剂的气体加热至200～400℃，通过氧化反应，可以在较低温度下燃烧，热能消耗少。其优点是装置较小，燃料费用低，NO_x生成少。缺点是需要良好的预处理，催化剂和设备价格较贵等。

（3）直接燃烧法　这种方法是将含有机溶剂的气体加热至600～800℃，使其直接燃烧，进行氧化还原反应，转化为二氧化碳和水。其优点是操作简单，维护容易，不需预处理，有机物可完全燃烧，有利于净化高浓度废气，燃烧热可作为烘干室的热源综合利用。缺点是NO_x排放增多，当单独处理时，燃烧费用较高。

2. 废水的处理

在汽车美容的清洗、湿打磨等作业中，将产生大量废水，这些废水中含有油污、清洗剂等有害物质，必须进行净化处理，使之符合工业废水最高允许排放浓度及地面水质的卫生要求才能排放，以减少环境污染，保证水质卫生。

（1）油污的处理　清洗汽车车底、底盘时产生大量含油废液。这种油污主要以乳化油的状态存在，油分子的粒径很小，不易从废液中去除，通常采用破乳→油水分离→水质净化的方法进行油污处理。

① 破乳：主要用外加药剂来破坏废液中乳化胶体溶液的稳定性，使其凝聚。

② 油水分离：通过破乳、凝聚处理，油珠和杂质生成絮凝，然后用物理方法使油水分层，去除沉淀，从而达到分离的目的。油水分离的方法有自然浮上、加压浮上、电解浮上、凝聚沉淀和粗粒化等。

③ 水质净化：经破乳、油水分离后，水中油分和有机物含量都会大大降低，但水中还存在着微量的油和一些水溶性表面活性剂，可通过吸附、过滤除去。常用的吸附、过滤材料有活性炭、焦炭、磺化煤以及聚丙烯纤维等。

（2）碱性废液的处理　汽车表面清洗大多采用碱性清洗剂，对废液中的碱可以采用中和法进行处理。方法一是将碱性废液与酸性液互相中和，使pH值为6～9。此法节省中和药剂，简便易行，成本低。方法二是采用加药中和。常用的中和剂为工业用硫酸或硝酸。此法效果好，时间短，但成本高。

3. 废物的处理

汽车美容作业中产生的废物较多，其中大部分是有害物质，必须进行妥善处理。这些废物主要有水性沉渣，如湿打磨沉渣；施工废渣，如清除的旧漆膜、打磨粉尘等；废旧容器，如清洗剂和护理用品的废罐、涂料废桶等（图1-23）；涂料废渣，如废腻子、废漆渣等；废弃用品，如废擦布、废砂纸、废遮盖物等。对易燃物可采取焚烧处理的方式。

图1-23　废罐、涂料废桶

4. 废水再生利用

在汽车美容行业中水消耗量大，一个洗车场平均每天消耗的水在$10m^3$以上，从全国范围看，数字是惊人的。我国是个严重缺水的国家，水资源的再生利用具有重要的现实意义。如果把洗车用过的废水进行处理后再用，不仅可以节约用水，降低成本，而且可以减少水污染，是一项利国利民的大好事。

废水再生利用的主要设备有水泵、蓄水箱、沉淀池、过滤槽和过滤塔等。其中过滤塔的结构最复杂，它由塔身和五道过滤层组成，过滤层从下到上依次为鹅卵石层、方解石层、棕纤维层、海绵层和净水剂层。废水再生利用工艺流程如图1-24所示。

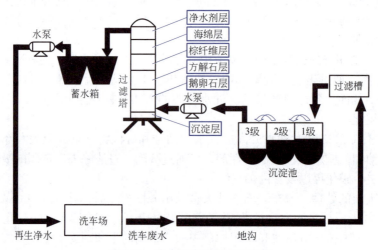

图1-24　废水再生利用工艺流程

（1）废水回收　首先要控制废水的流向，洗车场应建有封闭的废水回流地沟（图1-25），确保洗车废水都能流入地沟，地沟的出口为过滤槽。

图1-25　洗车场的废水回流地沟

（2）初次过滤　初次过滤的目的是吸附、沉淀或除去部分泥沙等粗大颗粒。该工序在过滤槽中进行，过滤槽中设有方解石层、海绵层和净水剂层三道过滤层。然后废水进入沉淀池。

（3）沉淀处理　沉淀处理的目的是除去水中的悬浮颗粒。废水经初次过滤后进入沉淀池进行静态沉淀处理。沉淀池有3个或多个分池相连，每个池中放入适量的方解石和凝絮剂，相邻两个沉淀池在适当高度留有溢水口，以便循环水循序进入1～3级或多级沉淀池。经过沉淀处理的废水在水泵的作用下进入过滤塔。

（4）净化处理　这是废水的最后一次过滤，经此次过滤的废水基本上可以达到洗车用水的标准。净化处理在过滤塔中进行，废水在塔内依次经过鹅卵石层、方解石层、棕纤维层、海绵层和净水剂层进行净化。过滤出来的杂质沉淀于塔内底层，通过释放阀可将沉淀物排出。净化后的水最后注入蓄水箱，蓄水箱中的水经过一段时间的静置便可再次使用。

上述废水再生利用所需设备和原材料很简单，技术和工艺要求也不高，在汽车美容行业比较适用。

5. 废物的再生利用

（1）废漆的再生利用　性能较好的喷漆室能高效地捕集漆雾，让漆雾颗粒被水幕冲洗下来，积聚在水槽中，这种废漆可以再生利用。

（2）废溶剂的再生利用　若是同一条涂漆线收集的废溶剂，经过滤后可用来调配相同颜色的漆或用作底涂料、中间涂料的稀释剂。

废溶剂的再生方法一般采用真空蒸馏和蒸汽蒸馏，也可用与废溶剂等量的水和乳化剂混合搅拌后静置，颜料与树脂呈胶冻状沉淀在下部分离出来，上部的澄清液作为回收溶剂使用。

二、汽车美容装饰安全防护知识

汽车美容装饰安全防护主要包括两大方面的内容：一是生产作业中不安全因素的分析和预防；二是已发生安全事故的处理。

1. 防火

在汽车美容作业中，尤其是涂料作业中，经常要与涂料和溶剂打交道。涂料和溶剂均属于易燃易爆物品。涂料本身遇明火会发生火灾，而作业中挥发的溶剂蒸气与空气混合，达到一定的浓度，一旦遇到明火即会发生爆炸。易燃和可燃液体的易燃性分级标准见表1-2。

表 1-2　易燃和可燃液体的易燃性分级标准

类别		闪点 /℃	举例
易燃液体	一级	低于28	汽油、苯、乙醇
	二级	28～45	煤油、松节油
可燃液体	一级	45～120	柴油、硝基苯
	二级	高于120	润滑油、甘油

（1）火灾和爆炸的主要原因　在汽车美容施工中，涂料、溶剂和其他汽车美容用品多属易燃易爆物品。根据统计资料，涂装施工场所发生火灾（图1-26）和爆炸事故的主要原因有以下几个方面。

图 1-26　汽车美容店发生的火灾

① 施工现场不具备安全防火的条件，没有通风排气设备，挥发的溶剂不能及时排出，溶剂蒸气达到一定浓度，遇明火即可起火爆炸。

② 电气设备达不到防爆等级，照明灯、电动机、电气开关没有安装防爆装置，电气设备选用不当或损坏未及时维修，照明器具、电动机开关及配线等在危险场合使用，在结构上防爆考虑不充分，有产生火花的危险。

③ 浸有油性涂料或溶剂的棉纱、碎布等擦拭物，没有及时清理而长期堆积，由于化学反应会渐渐发热以至于达到燃点而自动燃烧。

④ 施工人员不遵守防火规则，在涂装现场使用明火和吸烟，而涂料本身遇明火会发生火灾。

⑤ 施工场所没有足够数量的灭火器、沙子及其他防火工具。

（2）防火措施　为消除火灾隐患，应做好以下防火工作。

① 完善防火设施。涂装车间所有结构件都应采用耐火材料制成，并且通风良好。

② 按防爆等级规定安装电气。凡能产生电火花的电气和仪表都不得在施工场所使用。电气和机械设备的超负荷运转引起的过热也是潜在的火灾隐患，所以施工场所的电线、电缆、启动装置、配电设备、照明灯等都应符合防爆要求，电动工具和电气部分应接地良好。在使用溶剂的场所，闸刀开关、配电盘、熔断器、普通电动机及照明开关应安装在室外。

③ 严禁烟火。施工场所严禁吸烟，不准携带火种入内；如必须动用明火，只能在规定的安全区域内进行。车间及仓库都要设立"严禁烟火"的醒目标志，如图1-27所示。

图1-27 设立"严禁烟火"的醒目标志

④ 防止冲击火花。涂装过程中应尽量避免敲打、碰撞、冲击、摩擦等操作。用铁器开启金属桶、敲击制件，甚至鞋底的金属钉与水泥地面摩擦都易产生火花，引起火灾。对于燃点低的涂料或溶剂，开桶时，应用非铁工具（如铜、铝制工具）开启，以免产生火花，引起燃爆事故。

⑤ 严防静电产生。在涂装施工中，由于摩擦而产生静电火花，是常常被忽视的隐患。为防止静电事故，施工场所的设备、管道、容器都应安装地线。

⑥ 谨防自燃。浸有油性涂料或溶剂的棉纱、碎布等擦拭物，必须放在指定地点，定期销毁，不允许与涂料及溶剂混放在同一场所。

⑦ 避免积存过多的涂料。施工现场尽量避免积存过多的涂料与稀释剂，不可将盛装涂料的容器开口放置。

⑧ 废料严禁随意排放。废弃的易燃溶剂和涂料要集中管理，并在安全场所销毁，严禁倒入下水道。

⑨ 备足灭火器材。施工场所必须备有足够的灭火器、沙子及其他灭火工具，并定期检查更换。

⑩ 及时灭火。当易燃物遇明火发生燃烧时，应使用覆盖物罩上，或使用灭火器扑灭。若发生较大火灾，应立即报警，及时切断电源并关闭运转的设备和邻近车间的门窗，防止火势蔓延并组织扑救。

（3）灭火方法及火灾类型　灭火的方法多种多样，但基本原则不外乎以下三个方面。

① 隔离火源。发生火灾时，将火源与燃烧物迅速隔离，使之熄灭。

② 隔绝空气。在燃烧物周围切断助燃的氧气供给，使其自动熄灭，如漆桶着火，用盖子将桶盖住，或将惰性气体（二氧化碳等）喷射到燃烧物上。

③ 冷却降温。用冷却液（如水）使被燃烧物的温度降低到着火点以下，即可灭火。

2. 防毒

清洗剂、护理用品、涂料及溶剂大部分都有毒性，喷涂时所形成的漆雾、涂膜在干燥过程中所挥发出来的溶剂气体通过人的呼吸道或皮肤渗入人体，对人体神经系统和血液系统产生刺激及破坏作用，会造成头晕、头痛、失眠、乏力和记忆力减退等症状，还能造成人体血液系统的损害，以及皮肤干燥、疼痒等症状。为防止发生中毒事故，应采取防护措施。

（1）控制中毒物质浓度　为确保操作人员身体健康，必须采取有效措施控制空气中有害物质的浓度，使空气中的溶剂蒸气浓度降低到最高许可浓度以下。控制空气中有毒物质浓度的具体措施如下。

① 施工现场应有良好的通风和排风换气设备，使空气流通，加速有害气体的散发，使空气中有害气体含量不超过卫生许可浓度。

② 一般不采用循环风，在有害气体浓度不超标的场合才允许部分采用循环风。

③ 有毒的尘雾和气体都应经过净化处理后排入大气，排气风管应超出屋顶1m以上。

④ 吸新鲜空气点和排废气点之间的距离在水平方向不小于10m。

⑤ 对毒性大、有害物质含量高的涂料严禁用喷涂法涂装。

（2）采取有效的防毒措施

① 限制使用有毒涂料和溶剂，尽量使用无毒或毒性低的涂料和溶剂。例如限制使用苯类溶剂等。

② 控制有毒涂料的尘雾和气体外逸扩散。例如红丹底漆不用喷涂法而用刷涂法。

③ 涂装人员在操作时，应穿戴好各种防护用具，如活性炭过滤面罩、防尘口罩、供气式面罩、护目镜、抗溶剂手套、线手套、专用工作服和安全鞋等，不允许操作人员穿着工作服离开车间。涂装作业时的防护器具如图1-28所示。

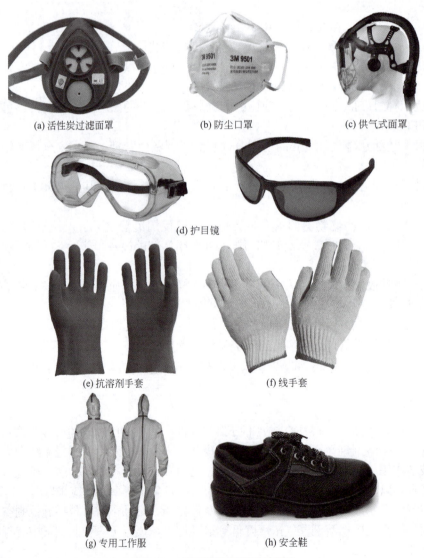

图 1-28　涂装作业时的防护器具

④ 施工时，如感到头痛、眩晕、心悸、恶心时，应立即离开现场到通风处呼吸新鲜空气，严重的应及时治疗。

⑤ 有毒气体可通过皮肤进入人体造成危害，因此在施工完毕后，要用肥皂洗脸和手。

⑥ 为保护皮肤，施工前可涂抹防护油膏，施工后洗干净，再涂抹其他润肤油膏保护。

⑦ 要随时注意个人卫生和保健，不能在施工场所进食、就餐、饮水和吸烟，工作服要隔离存放并定期清洗。

⑧ 工作结束后应洗淋浴，换好干净衣服到室外呼吸新鲜空气，还应多喝开水湿润气管，加速排毒能力。

3. 防电

当人体接触36V以上的电压时，会导致触电事故，产生电击，甚至导致死亡。在汽车美容施工作业时，要杜绝触电事故发生。防触电的基本措施如下。

① 遵守用电设备的安全操作规程。
② 定期检查用电设备和工具的接地线、绝缘导线，确保用电设备和工具完好无损。
③ 手持式电动工具、照明灯等应使用36V以下的安全电源，使用时戴好绝缘手套。
④ 设备维护时一定要切断电源。
⑤ 工具、设备或手上有水或潮湿时，应先进行干燥，然后才能进行施工操作。

4. 其他安全防护

应根据汽车美容各项作业的特点和要求做好其他各方面的安全防护。

（1）保护眼睛　在使用清洁剂、油漆、溶剂、冷却液、制动液、蓄电池电解液等物品时，要戴好化学防溅护目镜；在进行焊接时，要戴好焊接面具或焊接护目镜；在进行抛光、研磨等作业时，要戴好护目镜。

（2）避免化学烧伤　清洁剂、油漆、溶剂、冷却液、制动液、蓄电池电解液等都能烧伤皮肤，使用时要戴好防护手套，避免与皮肤接触，避免化学烧伤。

（3）避免跌伤、碰伤　汽车举升时，一定要保证支撑位置正确、可靠。举升后，一定要进行安全支撑防护，确保施工人员的安全。避免车间地沟、湿滑地面造成的人员跌伤、摔伤，避免机器设备造成人员伤害。

三、汽车美容装饰施工安全操作规程

各项汽车美容装饰施工都有具体的安全操作规程，必须在掌握安全操作规程的前提下，才能进行汽车美容装饰施工。

1. 清洗、护理作业安全操作规程

汽车表面清洗、护理中所使用的清洗剂多数都带有一定的毒性和腐蚀性，施工现场的水、电、气等都有一定的危险性。为确保施工安全，人员和设备无损伤，施工人员必须遵守安全施工规则。

① 施工人员必须从思想上重视安全工作，以高度的责任感和严肃的态度认真施工。施工中要树立安全第一、客户至上、精心服务的观念，严格遵守操作规程，杜绝事故的发生。

② 施工人员必须熟悉施工现场及周围环境，了解水、电、气等开关的位置及救护器材

的位置，以备应急之用。

③ 施工人员必须熟悉施工安全技术，掌握清洗剂的使用方法和误用后的急救方法。

④ 注意用电安全，地线必须接地，防止漏电，使用电气时要严防触电，不要用湿手和湿物接触开关。施工结束后，要及时切断电源。在危险地点设立醒目标志，如图1-29所示。

⑤ 现场施工人员直接接触酸、碱液时，应穿工作服、胶靴，戴防腐蚀手套，必要时应戴防毒口罩。

⑥ 清洗、护理作业现场必须整洁有序，严禁烟火。

⑦ 清洗、护理作业现场应有消防设备、管路，要有充足的水源和电源，确保施工安全需要。

⑧ 施工中排放的清洗废液应符合排放要求，不许随地乱排放。

图1-29 注意用电安全

⑨ 施工安全工作要有专人负责，定期检查，并不断总结安全施工的经验，确保安全施工。

2. 修补涂装作业安全操作规程

修补涂装施工条件较差，施工者大多在充满溶剂气体的环境中作业，不安全因素较多，施工者应熟知本工种的作业特点和所使用设备的合理操作方法，保证安全施工。

① 施工环境必须有良好的通风条件，若在室内施工（特别是喷涂时）则要有良好的通风设备。

② 施工前根据作业要求，穿好工作服和安全鞋，戴好工作帽、手套、口罩或防毒面具。如用钢丝刷、锉刀、气动和电动工具对金属表面进行处理时，需佩戴防护镜，以免眼睛受伤；如遇粉尘较多，应戴防护口罩，以防吸入过多粉尘，导致肺组织损伤，如图1-30所示。

图1-30 汽车喷涂作业中的安全防护

③ 打磨施工中应注意表面有无凸出毛刺，以防划伤手指。

④ 酸碱溶液要妥善保管，小心使用。搬运酸碱溶液时要使用专门的工具，严禁肩扛、手抱。

⑤ 登高作业时，凳子要牢固，放置要平稳，不得晃动。

⑥ 施工场地的易燃品、棉纱等应随时清除，严禁烟火，涂料库房要隔绝火源，要有消

防用品，设立严禁烟火的标志。

⑦ 施工中排放的清洗废液应符合排放要求，不许随地乱排放。

⑧ 施工完毕后将设备、工具清理干净，摆放整齐，剩余涂料及溶剂要妥善保管，以防溶剂挥发。

⑨ 工作结束打扫施工场地时，用过的残漆、废纸、线头、废砂纸等要随时清理，放置在垃圾箱内。

四、工具设备安全操作规程

1. 电动、气动工具安全操作规程

① 操作人员应熟悉所使用的工具。使用前应检查各零部件是否安装牢固，各紧固件连接是否牢靠，电缆及插头有无损坏，开关是否灵活及观察内部有无杂物。

② 使用前应该检查所用电压是否符合规定，电源电压应尽量使用220V，如电源电压为380V时应检查接地是否良好，并注意地线标记。

③ 使用电动工具操作时，应检查是否可靠接地，电线要有胶管保护，检查声音是否正常。

④ 使用中如发现有火花、异响、过热、冒烟或转速不足等现象，应停止使用，修复后再继续使用。

⑤ 工具不用时应保持清洁，存放在干燥处，以防受潮与锈蚀。

⑥ 工具在转动中不得随处放置，需要放置时应关机，停稳后再放下。

2. 涂装车间通风机安全操作规程

① 通风机必须由专人负责开动和管理，其他人不得随意开动。

② 操作人员必须检查电气设备正常后再启动通风机。

③ 操作人员必须每天清除电动机表面及通风管道内的灰尘、污垢，以防通道堵塞。

④ 通风机在运转过程中如果发现不正常现象应立即停机，将故障排除后再运转。

3. 照明装置安全操作规程

① 施工场地的照明设备应有防爆装置。

② 涂料仓库照明开关应设在仓库外。

③ 各种电气开关均应为密封式，并操作方便。

④ 如果使用手持照明灯，必须使用36V以下的安全电源。

第二章 汽车外部装饰

汽车外部装饰是在不改变汽车本身功能和结构的前提下,通过加装或改装前后保险杠、大包围、导流板、扰流板、底盘装甲、汽车彩绘、外表贴饰、货架等外饰件,改变汽车的外观,从而使汽车更加靓丽、豪华和时尚,以满足人们审美观和个性化需求。

第一节 车身大包围

一、车身大包围的概念、作用和组成

1. 车身大包围的概念

如图 2-1 所示,车身大包围又称为"空气扰流组件",用于改善车身周围的气流对运动中车身稳定性的影响。通常指车身下部宽大的裙边装饰,一般由前包围、侧包围、后包围、轮眉、挡泥板和门饰板组成。

图 2-1 车身大包围

2. 车身大包围的作用

车身大包围源于赛车运动，用于改善车身周围的气流对运动中车身稳定性的影响。飞机、导弹、汽车等这些在空气中高速运行的物体都要进行相应的实验。目前，主要以流体力学的空气动力学作为研究理论通过风洞模拟来进行实验。车身大包围的作用：改善气流；改善外观；提高汽车行驶稳定性；提高操纵安全性。

3. 汽车大包围的组成

汽车大包围由前包围、后包围和侧包围组成。前后包围有全包围式和半包围式两种形式。全包围式是将原来的保险杠拆除，然后装上大包围；或部分加装装饰件，这样可不用拆除原保险杠。侧包围又称侧杠包围或侧杠裙边。

二、车身大包围的类型

1. 塑料大包围

塑料是各名牌汽车改装厂（如奔驰的 AMG、宝马的 AC Schnitzer、奥迪的 ABT 等）采用的大包围的主要材料。由于可对塑料进行细微成分和性能调整，且其成型性好，因此塑料大包围套件的质量也比较好，但成本也高，导致产品价格较贵。

2. 玻璃纤维大包围

玻璃纤维大包围制作方便，对模具和生产设备要求不高，制造成本低廉，市场运作较快。但是其塑性低，安装比较慢，抗冲击能力差，易碎。

3. 合成橡胶大包围

合成橡胶大包围的主要特点是抗冲击能力强，不易变形、断裂，耐候性好，无污染，强度高，安装方便，采用钢模制造，规格标准，外形平滑，漆膜质量高。目前市场采用较多。

三、车身大包围的设计原则、制作工艺与安装

1. 车身大包围的设计原则

（1）整体性原则　要将汽车前、后、左、右各包围件作为一个整体进行设计。
（2）协调性原则　各包围件的造型和颜色要与车身相协调。
（3）安全性原则　汽车安装大包围后绝不能影响整车性能和行车安全。设计中要考虑路面状况，所有饰件离地面应保持一定距离（至少20cm）。
（4）标准性原则　设计的大包围组件要符合国家有关规定。
（5）观赏性原则　设计的大包围组件要美观大方，符合消费者审美需求。

2. 车身大包围的制作工艺

以玻璃钢材料为例，其制作工艺如下。
（1）做试模　大包围雏形的设计，被行业内称为"做试模"，即先用玻璃钢做成预想的产品

形状。试模做成后，就可以在试模上用玻璃纤维套出主模，经过修整后的主模便可以用于生产。

（2）喷涂胶衣　在主模内表面喷涂一层胶衣，它是产品的表面，也是玻璃钢最重要的材料，同时也起到方便脱模的作用，而且它的颜色也决定了产品坯件的颜色。

（3）铺纤维　等胶衣干后，就可以把预先裁好的纤维往主模上铺，此时，产品的造型已基本形成。对于玻璃钢，一般要贴上3～5层，确保每个大包围都有足够的刚度。1～4h后，等玻璃钢干透，即可脱模。

（4）打磨喷漆　脱模后便进入打磨和打水砂的工序。打磨是把产品表面的瑕疵和气泡打掉（因为产品要进行高温烤漆，如果气泡不打磨掉会很容易膨胀而破坏产品表面）；打水砂是把产品表面打毛，使喷漆时能较容易地上漆。

（5）喷漆　上述修漆工序完成后，即可喷上专用FRP底漆，再经过喷面漆和烤漆后，大包围产品便制作完成。

大包围的制作如图2-2～图2-7所示。

图2-2　前保险杠大包围前期款式定型

图2-3　后保险杠大包围前期款式定型

图2-4　门板大包围前期款式定型

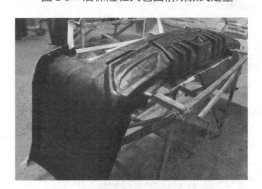

图2-5　重复试装后的模型制作

图2-6　前部大包围的安装效果

图2-7　后部大包围的安装效果

3. 车身大包围的安装

① 测试前后大包围的强度。由两人各持一端向相反方向用力使其产生形变，然后松开，看其是否能恢复原来状态，如此时前后唇产生了明显变形，则说明其强度不够。

② 安装灯眉。把灯眉粘贴在前大灯的上部。

③ 为了保护原车漆膜，在原前后保险杠的边缘粘贴皱纹纸。

④ 将后唇放到车上对位。

⑤ 用角向磨光机和砂纸反复打磨修整后唇，使其和原车的后保险杠紧密配合。

⑥ 在后唇内部涂抹胶水。

⑦ 把后唇粘在后保险杠外面，并用皱纹纸粘贴固定。

⑧ 在后唇内侧钻孔，并用螺钉固定。

⑨ 在螺钉上涂抹调好的同颜色涂料。

⑩ 如果后唇上有灯具，则连接灯具导线。

⑪ 按照相同方法安装前唇。

⑫ 安装裙边（粘接）。

⑬ 安装扰流板（在后备厢盖上打孔安装）。

四、加装大包围的注意事项

① 汽车是否加装大包围，要根据使用的实际情况来决定，只有在较为平坦的良好的道路上行驶的车辆才能加装大包围。

② 根据产品档次不同，大包围的价位也有较大差异。因此在加装大包围前，一定要向顾客详细介绍，以便其做出选择。

③ 建议选用高质量的产品，因为高质量的产品，无论是坚固程度还是表面光洁度都远远强于一般产品。

④ 尽可能不要选用那种需要拆掉原车保险杠才能安装的大包围，因为玻璃钢的抗撞击能力比较差，所以，选用将原保险杠包裹在其中的大包围不会影响车辆的牢固性。如果一定要选用拆原车保险杠的大包围，可设法将原保险杠中的缓冲区移到玻璃钢大包围中，以起到适当的保护作用。

第二节 导流板和扰流板

一、相关空气动力学原理

1. 相关概念

（1）导流板　导流板指汽车（大多数轿车）前后保险杠下方的抛物线形风罩，如图2-8所示。

（2）扰流板　扰流板指安装在轿车后备厢上形似鸭尾的凸起物，用于将从车顶冲下来的气流阻滞形成向下的作用力，又称为"尾翼""扰流翼""鸭尾"等，如图2-9所示。

图 2-8 前后导流板

图 2-9 扰流板

2. 空气动力学原理

法国物理学家贝尔努依曾证明了空气动力学的一条理论,即空气流动的速度与压力成反比。也就是说,空气流动的速度越快,压力越小;空气流动的速度越慢,压力也就越大。例如,飞机的机翼上面呈正抛物线形,气流较快;下面平滑,气流较慢,形成了机翼下的压力大于机翼上的压力的现象,从而使飞机产生升力。飞机机翼升力产生机理如图 2-10 所示。

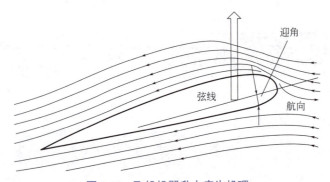

图 2-10 飞机机翼升力产生机理

如果轿车外形与机翼横截面形状相似,在高速行驶中由于车身上下两面的气流压力不同,下面大、上面小,这种压力差必然会产生一种上升力,车速越快压力差越大,上升力也就越大。这种上升力也是空气阻力的一种,汽车工程界称为诱导阻力,这个阻力约占整车空气阻力的7%。虽然这个比例较小，但危害却很大。其他空气阻力只是消耗轿车的动力，这个诱导阻力不但消耗动力，而且还会产生承托力，从而危害轿车的行驶安全。因为当轿车时速达到一定的数值时，升力就会克服车重而将汽车向上托起，减少车轮与地面的附着力，使轿车发飘，造成行驶稳定性变差。为了减少轿车在高速行驶时所产生的升力，汽车设计师除了在轿车外形方面做改进，将车身整体向前下方倾斜，以便在前轮上产生向下的压力，将车尾改为短平，减少从车顶向后部作用的负气压而防止后轮发飘外，还在轿车前端的保险杠下方装上向下倾斜的连接板。

连接板与车身前裙板连成一体，中间开有合适的进风口以加大气流度，降低车底气压，这种连接板就是导流板。在轿车后备厢盖后端做成类似鸭尾状的凸出物，将从车顶冲下来的气流阻滞后形成向下的作用力，这种凸出物就是扰流板。

二、导流板和扰流板的作用

1. 导流板的作用

大多数轿车的头部是上部光滑，向上凸出；而车身下部布满汽车发动机、变速器、传动机构等。气流通过车身头部时上部气流速度大于下部气流速度，造成上部压力小于下部，车身前部有一个由前部地板向上的提升力。加装导流板之后可以将气流有效分流，减小提升力的产生，提高汽车行驶的稳定性。

2. 扰流板的作用

减少进入汽车底部的气流，以减小高速行驶时气流对车辆产生的升力。可以减弱车身前侧的空气涡流，减小空气阻力。主要用在高速行驶的轿车上。

三、导流板和扰流板的选用及安装

1. 导流板的选用及安装

（1）导流板的选用　导流板按照安装方式可分为螺栓固定式和粘贴式。由于粘贴式导流板的固定状况不是太好，在使用过程中受到轻微碰撞就容易脱落，现已经淡出市场。在选择导流板时，应该注意导流板的造型、尺寸要与车身相适应。对于流线造型的车型要选择与车身造型相适应的导流板；对于车身造型线条构成比较简单的车型，可以选择造型比较简单的导流板。导流板应按车身纵向对称，其左右各长度不能超出车身宽度10cm。在保证质量的情况下尽量选择专业厂家生产的产品。

（2）导流板的安装

① 拆下前保险杠下部的车身板件。

② 在前保险杠的下面换上新导流板，并与两个轮罩对中，还要保证导流板前面的上缘落在前板的里边。

③ 用虎钳夹把导流板的边角夹紧到轮罩上。

④ 将前车身板件的安装孔用划线方法转到导流板上。

⑤ 用划线的方法将导流板端部的安装孔转到轮罩上。

⑥ 用6.35mm的钻头钻6个孔，穿过金属薄板和导流板。

⑦ 用螺栓松弛地将导流板安装就位，检查是否正确对中。
⑧ 拧紧6个紧固件。

2. 扰流板的选用及安装

车主可根据个人喜好选用扰流板。扰流板的安装方式主要有粘贴式和螺栓固定式两种。

（1）粘贴式扰流板的安装　粘贴式扰流板可避免破坏后备厢盖且不会漏水，但是固定效果没有螺栓固定式扰流板好。

（2）螺栓固定式扰流板的安装　螺栓固定式扰流板固定牢固，但因钻孔会破坏后备厢盖的面貌，且安装不好时会发生漏水现象。

以螺栓固定式扰流板为例，其安装方法如下。

① 在后备厢盖上找到适合的位置，再与扰流板上的螺栓孔配合，做好记号。在后备厢盖上打贯穿孔。
② 在钻孔位置与扰流板接合处注上硅胶以防漏水。
③ 将固定螺栓由后备厢内侧往外固定锁紧。
④ 如欲降低漏水情形，可固定后在固定架周围注入透明硅胶。

3. 安装注意事项

导流板和扰流板在安装时应注意，紧固力不要过大，防止将其压溃，导致损坏。

第三节　保险杠装饰

一、保险杠的作用

保险杠是对车辆在冲撞受力的时候，吸收、缓和外界冲击力，产生缓冲的装置，起到保护人与车的作用。

车辆前后保险杠除了保持原有的保护功能外，还追求与车体造型和谐与统一，以及本身的轻量化。目前轿车的前后保险杠采用塑料材料，人们称为塑料保险杠。塑料保险杠由外板、缓冲材料和横梁三部分组成。

塑料保险杠具有一定强度、刚性和装饰性，从安全角度看，车辆发生碰撞事故时能起到缓冲作用，保护前后车体；从外观上看，可以很自然地与车体结合在一起，具有很好的装饰性，成为装饰车辆外形的重要部件。

二、保险杠的分类和结构

1. 保险杠的分类

（1）按材料不同分类

① 钢板保险杠。钢板保险杠由钢板冲压成U形槽钢，表面镀铬处理，与车架纵梁铆接或焊接在一起，与车身有一段较大的间隙，好像是一件附加上去的部件。20世纪90年代末，

轿车前后保险杠主要采用钢板保险杠,现在钢板保险杠主要用于货车。早期汽车的钢板保险杠如图2-11所示。

图 2-11　早期汽车的钢板保险杠

② 塑料保险杠。塑料保险杠主要由塑料制成,它除了保持原有的保护功能外,还与车体造型和谐与统一,并使本身轻量化。这种保险杠的强度、刚性和装饰性都较好。现代汽车采用的塑料保险杠如图2-12所示。

图 2-12　现代汽车采用的塑料保险杠

③ 铝合金保险杠。铝合金保险杠是由铝合金制成的管状保险杠,这种保险杠具有造型多、美观、气派等特点,主要用于越野汽车和小型面包车。铝合金保险杠如图2-13所示。
④ 镀铬保险杠。由钢板制成,并经镀铬处理,具有庄重、气派等特点。镀铬保险杠如图2-14所示。

图 2-13　铝合金保险杠

图 2-14　镀铬保险杠

（2）按在车身安装的位置分类

① 前保险杠的类型。前保险杠分为两大类：护灯型保险杠和U形保险杠。

a.护灯型保险杠。可以全方位地保护前部，抵挡来自正面和斜前方的撞击。主体材料可以是不锈钢、塑料件或铝管件。护灯型保险杠如图2-15所示。

图 2-15　护灯型保险杠

b.U形保险杠。设计简洁，可适应所有车型，只能防御正面撞击，对来自斜前方的撞击几乎无抵御能力。材质可以是钢板、塑料或铝合金。U形保险杠如图2-16所示。

② 后保险杠。与前保险杠一样，分为两大类，即护灯型保险杠和U形保险杠。在此不再赘述。

③ 侧保险杠。侧保险杠的主要作用是防止侧面撞击，减轻撞击损伤程度或冲击强度，有效保护车内乘客安全。同时还可以充当垫高物，方便驾乘人员上下车，能起到一定的装饰车身作用和挡泥作用。侧保险杠如图2-17所示。

图 2-16　U形保险杠

图 2-17　侧保险杠

2. 保险杠的结构

保险杠的结构按其连接方式不同可分为塑料保险杠和吸能保险杠。塑料保险杠一般用螺栓或铆钉与车架刚性连接，吸能保险杠则通过吸能器与车架连接。

（1）塑料保险杠的结构　塑料保险杠由外板、缓冲材料和横梁三部分组成。其中外板和缓冲材料用塑料制成，横梁用厚度为1.5mm左右的冷轧薄板冲压成U形槽；外板和缓冲材料附着在横梁上，横梁与车架纵梁用螺栓连接，可以随时拆卸下来。塑料保险杠使用的塑料主要有聚酯系和聚丙烯系两种材料，采用注射成型法制成。例如标致405轿车的保险杠，采用了聚酯系材料，并用反应注射模成型法制成；而大众的奥迪、高尔夫、桑塔纳等轿车的保险杠，采用了聚丙烯系材料用注射成型法制成。国外还有一种称为聚碳酸酯系的塑料，渗进合金成分，采用合金注射成型的方法，加工出来的保险杠，不但具有高强度的刚性，还具有可以焊接的优点，而且涂装性能好，在轿车上的用量越来越多。

（2）吸能保险杠的结构　活塞式吸能器与减振器相似，有一个充满液压流体的气缸，受冲击时，充满惰性气体的活塞被压入气缸，液压流体在压力下经过小孔流入活塞，受控的液压流体吸收冲击所产生的能量并推动活塞管中的浮动活塞，从而压缩惰性气体。当冲击力释放时，压缩气体的压力促使液压流体从活塞管返回气缸，这种作用使得保险杠回到原来的位置。活塞式吸能器如图2-18所示。

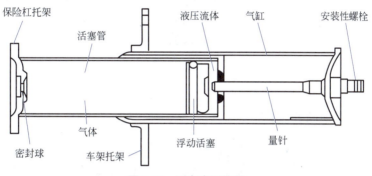

图2-18　活塞式吸能器

弹簧式吸能器接受冲击时，流体从储存器经过量阀进入外气缸。当冲击力释放时，吸能器的弹簧使得保险杠回到原来的位置。弹簧式吸能器如图2-19所示。

隔离式吸能器的工作原理很像电动机座，在隔离式吸能器与车架之间有橡胶垫。受冲击时，隔离式吸能器随着冲击力而动，使橡胶垫伸展，橡胶垫的变形能吸收冲击所产生的能量。当冲击力释放时，橡胶垫恢复原形（除非因冲击而从其底座撕裂），从而使保险杠回到正常位置。隔离式吸能器如图2-20所示。

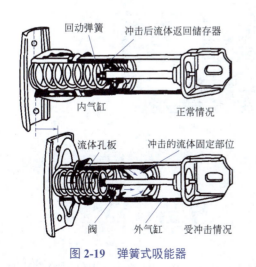

图2-19　弹簧式吸能器

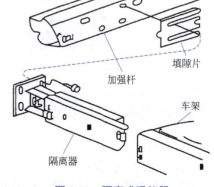

图2-20　隔离式吸能器

三、保险杠的选择和安装

1. 保险杠的选择

① 注意专车专用，不可互换。
② 装饰用保险杠不可替换原车保险杠。
③ 加装保险杠时可以将原车保险杠包起来。

2. 保险杠的安装

① 拆除防砾石挡板、停车灯、风窗清洗器软管及其他必须拆除的零部件。
② 更换保险杠时，必须检测吸能器。
③ 用螺栓固定保险杠后，必须进行调整，它与翼板和前格栅的距离应相等，顶部间隙必须均匀。调整装配螺栓，装配托架允许保险杠可上可下、可左可右及可进可出，如果需要，在保险杠和装配托架之间加设填隙片以调整保险杠对准。

四、保险杠划痕的修复

1. 金属保险杠划痕的修复

① 折弯后可通过钣金修复方法进行修复。
② 轻微划痕可通过修复表面、重新补漆进行修复（图2-21）。

图2-21　金属保险杠划痕的修复

2. 塑料保险杠划痕的修复

① 将保险杠整理平滑。
② 清洗表面油污、漆膜。
③ 按产品说明的比例混合保险杠的油灰。
④ 将油灰嵌入伤痕部分，2～3h干固后用1000号水砂纸打磨，过一周后再喷涂油漆。

第四节　底盘装甲与喷塑

一、底盘装甲和喷塑的作用与区别

1. 底盘装甲的作用

（1）防腐蚀　雨水、雪水、洗车污水等残留在车辆底部，长久下去就会腐蚀汽车底盘。如果对汽车底盘进行装甲，即便是酸雨、融雪剂、洗车污水等，也不容易侵蚀防护膜。

（2）防撞击　车辆在行驶的过程中，意外刮伤底盘钣金，溅起的小石子可能会击破车底金属漆膜，锈蚀底盘。底盘装甲后，车辆底部装甲喷涂材料的厚度可达2mm以上，能抵抗较大的冲击力，可有效降低凸起物对底盘的伤害，减小底盘损坏和锈蚀的可能性。

（3）防振动　发动机、车轮均固定在底盘上，它们的振动在某一频率上会使底盘发生共振，使人产生很不舒服的感觉，而底盘装甲能在一定程度上消除共振。

（4）隔温、节省燃油　在冬季，打开车内空调后，冷热空气大多集中在车辆的地板上进行交换。如果汽车做了底盘装甲，其膜内的石英砂会将冷热空气有效隔离，保证车内温度恒定。夏季开空调后，底盘装甲可以隔离外界热气的蒸烤，有效保持车内温度，从而节省燃油。

（5）隔声降噪　车辆快速行驶在道路上，车轮与路面的摩擦声与速度成正比，底盘装甲可较好地进行底部防护，起到降低车内噪声的作用。

现代轿车在出厂前均进行过底盘装甲处理，但国内生产的车辆采用的底盘防护工艺和材料往往比较简单，厂家出于成本考虑，对底盘只喷上薄薄一层普通PVC材质，部分车型甚至只在底盘局部喷涂。并且车辆在使用过程中，车身底部容易受到地面、石块等的擦伤，底盘装甲遭到破坏，因此也需要进行底盘装甲作业。

底盘装甲不能用简单的防锈处理来代替，例如在底盘上涂一层油脂来隔除水分，这样做只能维持一段时间。随着汽车行驶里程的增加，油脂会不断蒸发、黏附灰尘、油污，防锈效果会逐渐消失，黏附的灰尘、油污会造成新的腐蚀。

2. 底盘喷塑的作用

中高级轿车新车制造出厂前大多都已经做过底盘喷塑，而多数中低级轿车为了降低成本，降低售价，更好地参与市场竞争，少喷涂或者不喷涂防石击涂料。但是这样就会造成汽车底盘腐蚀严重，整体使用性能下降严重，大大降低了汽车的使用价值。为了解决这个问题需要对底盘进行喷塑处理。

3. 底盘装甲和底盘喷塑的区别

底盘喷塑的主要作用是保护汽车底盘裸露钢板的防砾石击打、防腐。普通喷塑为2mm的施工厚度，主要成分是聚酯材料。底盘装甲除具有喷塑的两项功能外，还有显著的隔声降噪作用，因为喷涂装甲后在底盘上形成橡胶和聚酯材料混合涂层，这种涂层具有高弹性，可有效减弱砾石直接打在金属上发出的噪声。底盘装甲是橡胶和聚酯材料混合配方，施工厚度为4mm。做装甲和做喷塑不冲突，最全面的防护措施就是两者都做，车主可以获得双倍安心。

二、底盘装甲和喷塑的涂料用品及工具

1. 底盘装甲的涂料用品

底盘装甲涂料分为进口涂料和国产涂料两种，其中进口涂料主要以德国和美国的品牌为主，国产品牌大多价格较低，生产地大都在广东、福建等。底盘装甲涂料如图2-22所示。

图 2-22　底盘装甲涂料

2. 底盘喷塑的涂料用品

底盘喷塑涂料主要是底盘自喷漆。底盘喷塑涂料如图2-23所示。

3. 喷塑工具

底盘装甲或底盘喷塑涂料不是自喷涂料，多选用底盘装甲或底盘喷塑专用喷枪。专用喷枪如图2-24所示。

图 2-23　底盘喷塑涂料　　　　　图 2-24　专用喷枪

三、底盘装甲的操作

1. 底盘装甲装饰准备

（1）入位、检查　由客户将车开到指定工位后，拉上手刹、熄火，以确保安全作业。业务接待员与客户共同检查车辆各部件有无损坏，中控锁、音响和电动窗等是否正常，如有损坏应及时告知客户，并将有关情况记录在案，由客户签字确认。

业务接待员应提醒客户将贵重物品由个人保管或交至服务台代为保管。或者，业务接待员与客户共同清理客户车上的物品，用专用袋（箱）将物品装好妥善放置，并记录在案，让客户签字确认后再开始作业。

（2）移车　业务接待员进行登记后将车辆开至美容护理车间，并向操作者交车，说明客户特殊要求。

2. 清洗底盘

（1）汽车底盘的冲洗　冲洗车轮行驶部位以及轮毂、减振、悬架、排气管等部位，如图2-25所示。

图 2-25　清洗底盘后的汽车

（2）沥青、特殊污渍的清洗　采用沥青清洁剂、锈蚀清除剂等对底盘上的沥青、锈蚀和各种顽固污渍进行清除。

（3）吹干　采用压缩空气吹干，清除水渍、湿气，对于底盘各螺栓紧固处的水分一定要完全吹干，待其彻底干燥后，方可进行下一步骤。

3. 遮蔽

（1）拆卸轮胎　首先将车辆停在双柱举升机工位处，将四个车轮的螺栓松动。将车升起0.3～0.5m高度，将车轮全部拆掉。对于有些车型，若工作空间足够，可以不拆卸车轮。

（2）遮盖行驶部位　将车辆举至合适工位，将轮毂、悬架等不用喷涂的部位进行遮盖，如图2-26所示。

（3）遮盖总成部件　对于发动机、变速器、排气管和传动轴等部件，要遮盖起来。排气管遮盖效果如图2-27所示。

图 2-26 遮盖行驶部位

图 2-27 排气管遮盖效果

4. 喷涂施工

（1）调整涂料　将稀释剂和底盘装甲涂料按照要求调和。

（2）喷塑处理　如图 2-28 所示，首先将自喷型喷塑涂料进行预喷涂，在全底盘上均匀喷涂一遍，但不可过喷。

（3）喷涂底盘装甲涂料　喷枪喷嘴离底盘施工面应保持 25cm 左右的距离，移动缓慢匀速，以确保喷涂层的均匀度。根据选择的工艺不同，逐次喷涂高吸附性、高强度、高耐磨性的材料。整个底盘喷涂 4～12 次，每次干燥间隔时间为 15～30min。喷涂底盘装甲涂料如图 2-29 和图 2-30 所示。

图 2-28 底盘的预喷涂

图 2-29 行驶部位的喷涂

5. 去除遮蔽

待最后一道涂料喷涂结束后，小心地将遮蔽材料拆除。

6. 检查、交车

如图 2-31 所示，底盘装甲完成后，检视整车，应保证无漏喷、各零件无遗漏，按规定将各螺栓紧固完成后，即可将车辆移至交车工位由业务接待员向客户交车。

图 2-30 底盘部位的喷涂

图 2-31 底盘装甲后的效果

第五节　汽车彩绘

一、汽车彩绘的定义与要求

汽车彩绘（也称为喷绘）是现代美学艺术与汽车工业艺术的完美结合，是由专业的美术师先在车身表面通过手工绘画或喷涂工艺绘制出美术图案，再通过专业的汽车烤漆工艺而完成的一种视觉艺术。汽车彩绘与车身贴纸相比，完全能代替彩条、文字和图案、改色贴膜的粘贴工作，且技术含量更高，色彩更加丰富，色泽更加艳丽，更能满足个性化的需求。

汽车彩绘从持久性方面分为两种，即一次性和永久性。一次性彩绘就是能洗掉的，在不洗车的情况下保持 1~2 个月；永久性彩绘成为汽车面漆层，经过烤漆，一般能保持10年。汽车彩绘从制作形式分为三种，即手工彩绘、喷笔（喷枪）彩绘和机器彩绘，如图 2-32 所示。汽车彩绘改变了汽车外观，且色彩鲜艳，很吸引人的目光，在社会上有一定的影响，所以在进行汽车彩绘时需要注意两个方面：一是要符合国家的相关法规政策规定；二是彩绘图案要符合文化导向及美学要求，不应有涉及凶杀、暴力、血腥、色情、政治、恐怖、裸露、灾难、污辱性的文字及图案，应提倡积极、健康、文明、上进、爱心、自然、和谐的文化表达，如图 2-33 所示。

(a) 手工彩绘

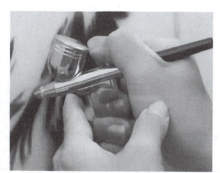
(b) 喷笔彩绘

图 2-32

(c) 彩绘机

(d) 机器彩绘

图 2-32 汽车彩绘

图 2-33 内容健康的汽车彩绘

二、彩绘工具和设备

汽车彩绘所使用的设备主要是喷枪、喷笔（图 2-34）、空气压缩机、连接的气管和接头以及刻制模板用的刻刀、刻板、胶带、直尺等，还有必备的计算机和打印机等。

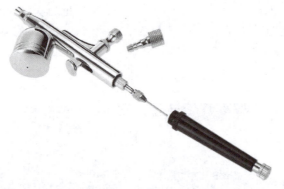

图 2-34 汽车彩绘喷笔

三、形体模板

形体模板在汽车彩绘中是经常用到的一种辅助造型工具，在彩绘过程中使用它可以提高汽车彩绘效率。尽管模板可提高效率，有些汽车彩绘图案还是不能依靠模板来帮助的，只能靠彩绘师的高超技术即兴发挥，如写实的发丝效果、光线效果、云彩的绘制，以及一些没有明确轮廓的形体如远景的树枝、山峦和在视觉上模糊的影像等。形体模板通常有四种形式。

1. 硬模板

硬模板是用硬纸板（卡纸）制作的模板形式，主要通过透稿得到，操作时放在上面的是要画的图案，中间是复写纸或炭精粉（炭精粉均匀涂在图案的背面），下面是硬纸板，透稿时可用硬铅笔描绘要画的图案轮廓，这样在卡纸上留有图案的清晰痕迹；再用刻纸刀顺着留在卡纸上的痕迹把需要刻绘的形体轮廓线刻开。

利用硬模板可以刻画形体比较清晰的图案，如一般写实风格的图案，特别是画面中主体的形象，轮廓线本身就非常清晰，另外前后关系明确、明暗分明、界限分明的部分也需要借用硬模板的形式。

如果直接在车体上绘制描线，则不需要用卡纸做模板。具体方法是，先在图样的背面涂上炭精粉，然后用棉花或纸巾把炭精粉揉到纸内，目的是把多余的炭精粉擦掉以免弄脏车体表面。把涂有炭精粉的图样固定在车体需要绘制彩绘的地方，用铅笔描绘形体轮廓。然后用刻纸刀沿着卡纸上形体轮廓线的地方刻开。刻绘时需注意线的闭合和衔接，形体轮廓线要清晰、明确、有条理，用刻刀时要有力度，边缘要刻整齐；有些形体轮廓线不要都刻开，以免都刻开后卡纸散掉，刻开的地方可以用胶带粘贴好，如图2-35所示。

图 2-35　硬模板

2. 软模板

软模板也是透稿的模板形式，它是利用复写纸或炭精粉把图案形体轮廓和结构线直接描绘在车身上，在车身上直接可以体现出形体线条，然后利用喷笔喷绘线条来绘制出图案，如图2-36所示。

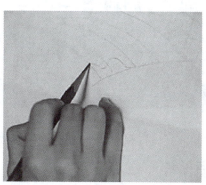

图 2-36　软模板

3. 遮挡模板

遮挡模板是在喷绘过程中用来遮挡已经完成的局部以方便喷绘旁边形状操作的模板，特别是在喷绘有弧形的地方时经常使用，如图2-37所示。

4. 适量模板

适量模板也叫漏板，利用刻绘机或刻刀把图案形体线以适量封闭线的形式刻绘在不干胶纸或其他料板上，在不干胶纸或料板上形成可以镂空的图案。这种模板多应用在喷绘一些卡通图案、字体、标志、适量图文、边缘清晰的线条等，如图2-38所示。

图 2-37　遮挡模板

图 2-38　适量模板

四、喷绘流程

1. 喷绘文字

① 清洁待喷绘文字位置。
② 正确放置模板。必要时将漏板贴在所需涂装的部位，更方便喷绘。
③ 对准模板镂空的部位进行喷绘即可，如图2-39所示。

图 2-39　喷绘文字

2. 喷绘彩条

以在车门上喷绘火焰彩条为例，操作步骤如下。

（1）清洁喷绘部位　将车身待喷绘部位清洗干净，并擦干、吹干，如图2-40所示。

（2）去光　去光也叫"磨亚"，即在彩条喷绘区域至稍大地方，用1500～2000号水砂纸或百洁布进行打磨（水磨），将漆面光泽磨掉，处于"亚光"状态，以增强喷绘的附着力，如图2-41所示。

图 2-40　清洁喷绘部位

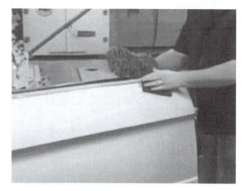

图 2-41　去光

（3）再次清洁喷绘部位　先使用高压水枪对打磨部位进行冲洗，再用除油剂抹拭除油，保证待喷绘表面干净、清洁。

（4）放线　利用3～5mm宽的彩色胶纸带进行放线，放线方法可参照前述粘贴彩条的方法，两者不同之处是粘贴彩条时彩色胶纸带粘贴在放线位置，而在喷绘时彩色胶纸带作为彩条的轮廓线（待喷绘的彩条在轮廓线包围空间位置），如图2-42所示。

（5）遮蔽　先用40～50mm宽的胶纸带把火焰彩条轮廓线外边、中间窄小空间遮蔽，再利用大张的遮蔽纸把车门其他部位进行遮蔽，如图2-43所示。

图 2-42　放线

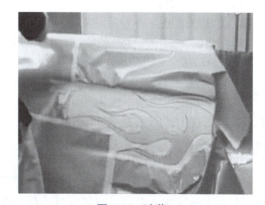

图 2-43　遮蔽

（6）喷绘　根据火焰颜色，选择相应色漆对车门火焰彩条位置进行喷涂，注意火焰渐变色和其他要求，如图2-44所示。

（7）拆除遮蔽　在彩条喷涂完毕约20min后，小心地把所有遮蔽纸和彩色胶纸带拆除，得到火焰彩条，如图2-45所示。

（8）喷涂清漆　在彩条完全干燥后，对整个车门喷涂清漆，喷涂后产生光泽。

（9）抛光　在清漆完全干燥后，对整个车门进行抛光处理，工艺操作结束。

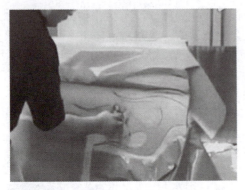
图 2-44　喷绘

图 2-45　拆除遮蔽

3. 喷绘图案

以发动机盖喷绘火焰来重点介绍汽车喷绘操作的完整过程。

（1）设计喷绘图案

① 资料收集。汽车彩绘体现的是客户个性化的需求，在彩绘设计前必须要与客户沟通，保证作品是按照客户意愿来做的，然后根据客户的要求进行图案素材、客户车辆照片等资料的收集。

② 设计图案。根据客户的要求收集好图案素材并整理后，与客户一起商讨图案，并一起选择参考图案；根据客户的意愿和参考图案针对客户的车辆设计喷绘图案，并在计算机设计软件中模拟贴在客户的车体上，得出效果图。建议多设计几个效果图作为预案，方便客户确定。

③ 定稿。由客户从几个效果图中确定其中最理想的一幅作为其车辆的喷绘图案。

（2）制作喷绘模板

① 计算机配图。在计算机中使用图案效果制作软件，把喷绘设计图案与客户车辆拍摄照片进行严格配置，并调整图案尺寸大小，得到与车辆喷绘部位尺寸实际大小一致的效果图。

② 打印图稿。把设计好的实际尺寸效果图打印出两份，用A4纸打印即可，一份便于喷绘时参考；另一份用于制作模板的图案，要与实际喷绘画面大小一致。对于制作模板用的图案，用专业喷绘机喷绘一张大图即可，但一般打印机需要采用分割打印方法打印，再用美纹纸胶带进行拼图，即在分割打印出来的图案背面用纸胶带将它们依次粘贴在一起，拼合成一张大图。

（3）车体表面处理

① 去光处理。可用1500～2000号水磨砂纸或百洁布处理喷绘区域，也可以用机械打磨，但要正确选择干磨砂纸规格或其他打磨材料，注意打磨的方法和手法，打磨要均匀，且避免在车体上出现划痕。干磨砂纸和水磨砂纸效果比较见表2-1。

表 2-1　干磨砂纸和水磨砂纸效果比较

干磨砂纸	P40	P60	P80	P100	P120	P150	P180	P240	P280	P320	P400	P600	P800
水磨砂纸	P80～120	P150～180	P180～220	P220～240	P240～280	P280～320	P320～360	P400～500	P500～600	P600～800	P800～1000	P1000～1200	P1200～1500

② 找平。认真检查喷绘区域车体表面，如有碰撞划痕，必须使用原子灰填补，并打磨平整。

③ 清洁。打磨后先使用高压水枪冲洗，把失光处理或找平处理时打磨的污物清除干净，用美容毛巾擦干，气吹枪吹干；再用除油剂和除尘布除油、灰尘，以有利于提高喷绘的附着力。

（4）遮蔽　根据喷绘部位和被喷绘部件所处状态（如被喷绘部件是在车身上还是被拆下来，喷绘部件全部表面还是局部等）选择是否遮蔽或遮蔽部位。

（5）透稿　根据喷绘图案的简单、复杂或者根据喷绘板面形状、放置等情况灵活选用合适的模板形式和透稿方法。本例利用软模板喷绘，其透稿方法如下。

① 对喷绘区域喷涂一层浅薄灰白漆。一般汽车喷绘图案都从白色喷起，在原来漆面为非浅色的情况下更是如此，在干燥后清洁干净该区域，如图2-46所示。

图 2-46　对喷绘区域喷涂一层浅薄灰白漆

② 把画纸放在发动机盖需要喷绘的正确位置，先用铅笔画出火焰图案，再用切割工具沿图案轮廓线小心切割。注意切割力度，要求切割透画纸，但不能划伤漆面，如图2-47所示。

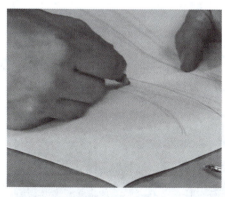

图 2-47　绘画

③ 涂炭精粉。用海绵盘沿已经切割过的轮廓线均匀涂抹炭精粉；把画纸揭开，在发动机盖上便得到火焰的轮廓线，如图2-48所示。

④ 定位轮廓线。用胶带沿透稿得到的火焰轮廓线进行准确定位，注意区分胶带的内、外边缘相贴轮廓线位置；并用另一张画纸作遮蔽纸，而且也要把它铺平和定位好。

⑤ 用切割工具沿胶带边缘小心地顺线切割火焰轮廓线,注意区分什么地方要沿胶带内边缘位置切割,什么地方要沿胶带外边缘位置切割;切割完毕后把画纸火焰部分撕开,如图 2-49 所示。

(6) 喷绘

① 喷绘水印。此火焰有"美元"水印要求,用"美元"模板喷绘,如图 2-50 所示。

② 喷绘火焰的各种颜色。根据效果图,利用黄色、红色等涂料进行喷绘,如图 2-51 所示。

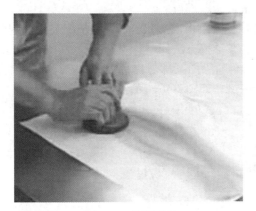

图 2-48 涂炭精粉

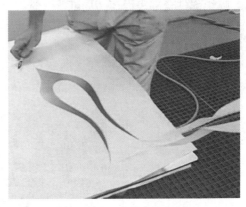

图 2-49 沿轮廓线切割

图 2-50 喷绘图案水印

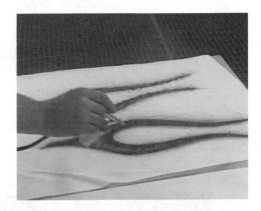

图 2-51 喷绘火焰颜色

③ 喷绘火焰渐变色。渐变色是汽车喷绘常用的效果,能体现颜色由浅入深或者由深到浅等的变化。操作时先把定位轮廓的胶带撕开,再喷绘,如图 2-52 所示。

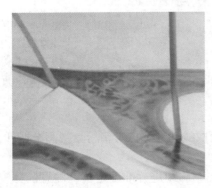

图 2-52 喷绘火焰渐变色

④ 综合效果喷绘。根据前述方法，把喷绘区域的所有火焰全部喷绘在发动机盖上，并处理好各个细节。在喷绘相邻火焰交汇的地方，经常要使用遮挡模板遮挡已经完成的局部位置，如图2-53所示。

图 2-53　发动机盖综合效果喷绘

（7）喷清漆　清漆是一种透明的涂料，也叫"光油"，喷涂后在图案表面或车体色漆表面形成一层保护层，光泽度很高，使得喷绘的图案亮丽，光彩照人，如图2-54所示。

（8）烤漆　烤漆前，注意清洁烤漆房，以免灰尘等污染物对车漆造成污染。一般喷好清漆后烘烤30min即可。

（9）抛光处理　汽车喷绘属于个性化的美观追求，必须满足光亮、平滑、艳丽的要求，达到镜面效果。汽车表面经喷涂之后，可能会出现粗粒、砂纸痕、流痕、反白、橘皮等漆膜表面的细小缺陷，这些缺陷必须进行抛光处理。注意必须在清漆完全干燥后才能进行抛光工作。

（10）安装　把发动机盖安装在车身上时，注意调整好配合间隙，并且要开关顺畅，如图2-55所示。

图 2-54　喷清漆　　　　　　　　图 2-55　安装

五、汽车喷绘注意事项

① 透稿前的失光打磨应确保打磨均匀，把握好力度，既不能伤到底漆又要把面漆打磨干净，这才不会降低原来漆面对汽车的保护作用，提高喷绘的附着力和艳丽效果。

② 涂料的配比对调色是相当重要的，色彩的把握、色彩的渐变以及图案绘制的先后次序将直接影响作品的表现效果。

③ 喷绘后的漆面抛光要均匀，不能留下胶痕、抛光痕，避免出现凹凸不平的现象，影响喷绘颜色的鲜艳程度。

第六节　车身外表贴饰

车身外表贴饰是指在车身外表面贴上彩条、文字和图案、装饰条、保护膜等。现在很多汽车上都或多或少地有这些装饰元素，有的是彰显个性，增加美感；有的是温馨提示或宣传广告；甚至有的是全车通过贴膜改色。装饰条不仅起美化车身作用，还起到防止漆面被擦伤的作用。

一、车贴

车贴又叫拉花、车标、贴纸，起源于赛车运动的选手号和赞助商的广告，最早的车贴于1887年4月20日出现在巴黎举办的世界第一场赛车比赛；车贴的大力发展源于欧洲、美国和日本的汽车业兴起及普及；车贴不仅起美化作用，还体现了个性。车贴一般分为运动车贴、改装车贴和个性车贴三类，从形式上分有彩条、图案和文字等。

1. 汽车彩条

如图2-56所示，汽车彩条实际上是一种彩色胶带，属于纸制品装饰条。

图2-56　车身彩条

（1）汽车彩条的结构

汽车彩条主要有两种基本类型，即无外保护层彩条和有外保护层彩条，其结构如图2-57所示。

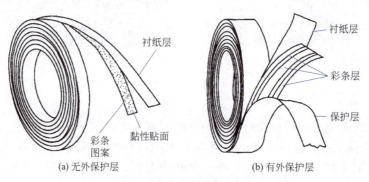

图2-57　汽车彩条的结构

① 两层系彩条。两层系彩条没有可撕离保护层的贴膜，它由彩条层和衬纸层组成，彩

条层正面是彩条图案，背面是黏性贴面，如图2-57（a）所示。

② 三层系彩条。三层系彩条有可撕离保护层的贴膜，它由衬纸层、彩条层及保护层组成，彩条层也有彩条图案和黏性贴面两面，如图2-57（b）所示。

（2）粘贴方法

① 粘贴表面的清洁。使用水和中性清洗剂将车身表面彻底清洗干净。为了使彩条正常贴上去，车身表面必须没有灰尘、蜡和其他脏物。在需要的时候，可以进行抛光处理，但不能打蜡。

② 直线形粘贴。以两层系彩条为例进行介绍，其直线形粘贴方法如下。

a.测量所需贴膜的长度，将贴膜拉直，在比所需长度长几厘米处剪断。

b.保证车身表面清洗干净，将贴膜的背纸撕去（图2-58），并将前面几厘米贴到要贴的位置。

c.抓住贴膜的松端，小心地拉紧贴膜，但注意不要拉长。如果在粘贴时，贴膜被拉长了，以后就会起皱。

d.利用车身的轮廓线作对齐的参考线，对齐彩条，小心地将贴膜贴到车身表面上。

注意：

一个长条要一次完成粘贴，不能分段粘贴，以保证直线度。

e.检查彩条对齐情况，如果彩条不够直，再贴一次。贴好后，用软擦布压擦贴膜。

f.贴膜末端形状的对接需要进行修剪，可使用小的裁膜刀切割。

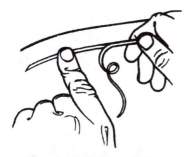

图2-58 撕去背纸开始粘贴

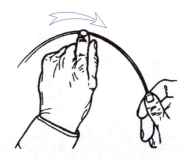

图2-59 曲线形粘贴

③ 曲线形粘贴 曲线形粘贴（图2-59）比较复杂，应使用底图的帮助或用画线笔绘制导向图。粘贴步骤如下。

a.剪下足够用的贴膜。

b.用右手画出曲线的弧。

c.在曲线成形后，用左手的食指把贴膜按压在车身上。

d.不要撕去过多的背纸，为避免弄脏附着表面，手持贴膜处的背纸不要撕去。

e.保持两手固定的曲线运动。曲线运动过程中可能会需要一些轻度的拉长，但不要过力拉长。

f.如果彩条粘贴不成功，可以再试一次。

g.曲线贴膜完成后，将其压紧，以获得持久的附着性能。

h. 其他操作项目与直线形粘贴相同。

（3）注意事项

① 贴条纹时只能在常规室温下进行。温度过高，会导致胶带变大，湿溶液迅速蒸发，以及其他复杂情况。温度过低会影响胶带的柔性，从而影响附着效果。

② 使用水和中性洗涤液将车身表面彻底清洗干净。为了使条纹正常贴上去，车身表面必须没有灰尘、蜡和其他脏物。如果有必要，应该使用清除蜡和抛光剂的清洁剂。

③ 一般而言，条纹从翼子板上线开始走向轮罩之间或之上。

④ 避免手指弄脏胶带，皮肤上的油脂会影响附着性能。

⑤ 彩条粘贴后，必须平整、光滑，不允许有褶皱产生。

⑥ 彩条与车身漆面之间，不允许有空隙、气泡及异物存在，否则会影响粘贴质量。出现空隙、气泡时，需压实排除。有褶皱或异物时，应返工重贴。

2. 图案和文字

图案和文字是车贴重要的表达形式，其结构也与彩条基本一样，有图案面（或文字面）、粘贴面和保护层等，但因其面积有大有小，粘贴方法有干粘贴法和湿粘贴法之分。

（1）干粘贴法步骤

① 工具和材料准备。准备清洁工具、车贴和刮片等。

② 清洁。用洗车液清洗粘贴部位，并除油、除尘；即将粘贴前还要用干净毛巾擦拭一次，如图2-60所示。

③ 把车贴底层的保护膜适当撕开一些，注意不要撕开太多，如图2-61所示。

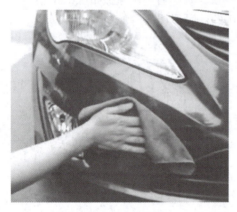
图2-60　清洁

图2-61　把车贴底层的保护膜撕开一些

④ 把车贴放到准确位置，并把已经撕开保护膜的小部分文字（或图案）压实到车身上，如图2-62所示。

⑤ 把车贴翻过来，再拉开一些底层保护膜，如图2-63所示。

⑥ 用毛巾包住刮片，左手用刮片压住车贴，右手小心慢慢拉开底层保护膜，直到全部文字（或图案）都被粘贴到车身上，如图2-64所示。

⑦ 用刮片沿车贴纵向和横向小心刮平，注意整理好包裹的毛巾，如图2-65所示。

⑧ 把车贴表面保护膜（转移膜）撕下。注意小心操作，必要时可用右手压住已经暴露的文字（或图案），左手轻轻拉开保护膜，以免带起车贴。

图 2-62　把撕开的部分压实到车身上

图 2-63　小心拉开底层保护膜

图 2-64　边拉边压

图 2-65　用刮片沿车贴纵向和横向小心刮平

（2）湿粘贴法步骤
① 清洁粘贴部位。
② 向车身粘贴部位喷安装液，如图2-66所示。
③ 把车贴底层保护膜撕开，如图2-67所示。

图 2-66　向车身粘贴部位喷安装液

图 2-67　把车贴底层保护膜撕开

④ 向车贴粘贴层喷安装液，如图2-68所示。
⑤ 把车贴贴在正确位置上，如图2-69所示。

⑥ 用刮板把车贴与车身之间的水挤出并刮平，注意用力要适度，以免刮伤车贴或者产生褶皱；刮水时要注意由里往外、由中间向两端进行，如图2-70所示。

⑦ 撕开车贴表面层保护膜。小心进行，以免带起贴纸。

⑧ 清洁。擦干车贴表面及其周围。可以让车贴自然干燥，在冬天也可以用热风筒加热快速干燥，但要注意温度合适。

⑨ 处理细节如图2-71所示。

⑩ 操作结束。

图 2-68　向车贴粘贴层喷安装液

图 2-69　把车贴贴在正确位置上

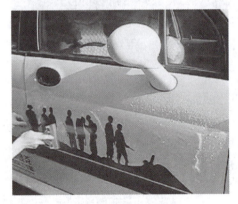

图 2-70　用刮板挤水

图 2-71　处理细节

（3）车贴粘贴注意事项　对于大面积车贴，在粘贴时可以适当加热，使其黏合更加可靠。车贴粘贴要杜绝空气泡，以免影响美观和牢固程度；在出现小气泡时，可先用小钢针刺穿消除，再刮平。

二、汽车装饰条

1. 装饰条的材质

汽车装饰条所用材料，绝大部分是塑料制品和金属制品，以塑料制品最多，如图2-72所示。

汽车装饰条不仅有装饰作用，还可以起到保护作用，比如防擦伤漆面作用。汽车上常见的装饰条有车窗装饰条、保险杠装饰条、轮眉装饰条、后备厢装饰条和门槛装饰条等，如图 2-73 所示。

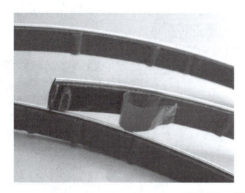

图 2-72　装饰条的材质

图 2-73　汽车上常见的装饰条

2. 装饰条安装步骤

以车窗装饰条安装为例，步骤如下。

① 清洁车身。在车身外表需要装饰的部位，用专用清洗剂进行手工清洗，用酒精擦拭要粘贴的位置，进行除油、除尘，保证粘贴部位清洁和干燥。

② 用热风枪对装饰条进行适当加热，如图 2-74 所示。

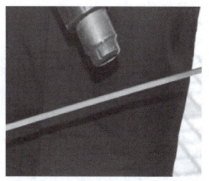

图 2-74　用热风枪加热

③将装饰条的衬纸撕掉,检查粘贴胶层是否丰满,如有空隙可加适量玻璃胶填满。

④把装饰条粘在正确位置,如图2-75所示。

⑤在粘贴过程中,边贴装饰条,边用手对装饰条进行压实,排尽装饰条胶层与车身表面间的空气,不允许有气泡,要求贴实、贴牢,如图2-76所示。

图2-75 把装饰条粘在正确位置

图2-76 对装饰条进行压实

⑥用同样方法粘贴完四个车窗,如图2-77所示。

⑦撕掉保护层,清洁装饰条和车身相关部位,结束操作,如图2-78所示。

图2-77 粘贴完四个车窗

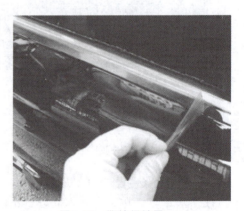

图2-78 撕掉保护层

三、贴"犀牛皮"

行驶中的汽车,难免会发生碰撞、剐蹭,造成漆面划痕;有些地方因正常使用也会造成刮、碰伤,影响车容。这些地方主要有保险杠边缘和转角、门边缘、外后视镜背面、轮弧、门把手凹处(门碗)、发动机盖前部、钥匙孔边缘、后备厢及侧门踏板等部位,如图2-79所示。在这些部位贴上特殊的保护膜可使车容得到保持。

这种特殊的保护膜是一种特殊的透明树脂,它非常坚韧耐磨,像犀牛皮一样,被业界称为"犀牛皮",全称是"犀牛皮保护膜"。实际上,现在的"犀牛皮保护膜"已经从汽车车身的局部使用发展到全车身使用,如图2-80所示。

"犀牛皮"常用来保护车身漆膜不被划伤,隔离泥水、尘土。"犀牛皮"有非常高的透明度,粘贴在车身上几乎看不出来,不会遮盖或改变汽车本身的漆面颜色。部分汽车(如奥迪

A6、帕萨特）在出厂前其易磨损部位（如车门边及门栏）就粘贴了"犀牛皮"。3M"犀牛皮"如图2-81所示。门外扣手的内碗装饰如图2-82所示。

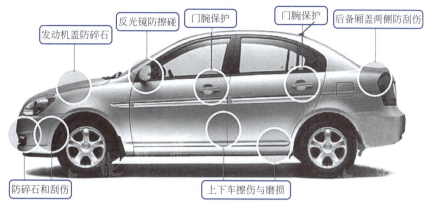

图 2-79 贴"犀牛皮"的常见部位

图 2-80 全车贴"犀牛皮保护膜"

图 2-81 3M"犀牛皮"

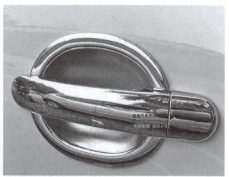

图 2-82 门外扣手的内碗装饰

1. 保护膜的作用

① 粘贴后与外界完全隔离，具有防灰尘、防鞋油、保持车内清洁等功能。
② 保护膜表面具有防止划伤的耐磨层，可减少划痕的形成。

③ 不因高温而产生变质、变色，在复杂表面不改变产品性能。
④ 优异的延展性适合任意角度装贴，大大减少了施工时间。
⑤ 高性能的丙烯酸压敏胶，可长期保护物体表面，保持时间可达3年以上。
⑥ 减少内室清洁费用，节约开支。

2. 保护膜的安装

以门外扣手的内碗为例来说明"犀牛皮"的装饰方法。

（1）清洁　将门拉手漆面上的尘土和杂质清理干净，保证预安装表面清洁，如图2-83所示。

（2）放样　先将报纸放入门外扣手的内碗中，裁剪出合适的尺寸；然后使用硬纸按照报纸放出的尺寸和样板进行裁剪；最后将"犀牛皮"按照硬纸的样板进行裁剪。放样如图2-84所示。

图2-83　清洁工作

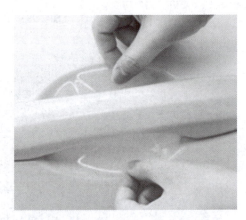
图2-84　放样

（3）粘贴　将裁剪好的"犀牛皮"放至门外扣手内碗中进行试放，如果没有问题就可以进行粘贴。粘贴时先在门外扣手的内碗处喷上水，然后将"犀牛皮"背面的衬纸揭掉，由左至右进行粘贴（图2-85）。

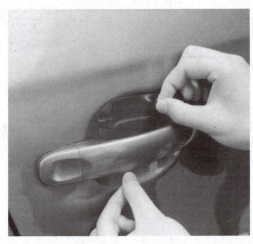
图2-85　粘贴

3. 保护膜安装和使用注意事项

① 安装位置处有蜡的部位必须进行除蜡处理，防止粘贴后出现脱落的现象。
② 预粘贴表面必须完全清洁干净。
③ 如果购买的"犀牛皮"存放时间过长导致黏性下降，可以将"犀牛皮"放至水中或酒精中浸泡 10～20min，可增加"犀牛皮"黏性物质的黏性。
④ 粘贴过后，要保证 24h 内不要冲洗粘贴有"犀牛皮"的部位，防止"犀牛皮"脱落。

4. 检查、交车

"犀牛皮"贴完后，检视粘贴质量，当保证粘贴的膜无褶皱、膜和车身之间无杂质及边角无翘起等瑕疵时，即可将车移至交车工位，由业务接待员向客户交车。

第七节 车顶行李架或车顶箱装饰

一、车顶行李架或车顶箱的作用

能解决汽车空间不足的最常见方法就是安装车顶行李架或车顶箱，车顶行李架能够放置体积大的行李、自行车和折叠床等，特别适合喜欢长途自驾游的车主；车顶箱也能明显增加汽车的收纳空间，且能防雨，方便随车携带不能被雨淋的物品，如图 2-86 所示。

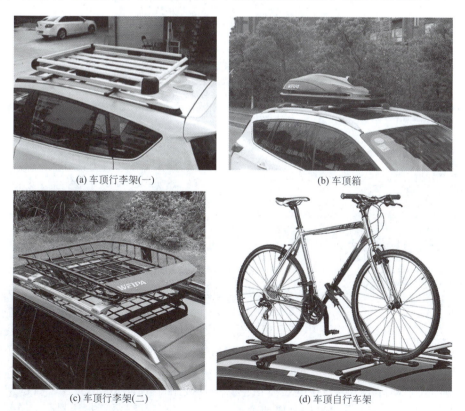

(a) 车顶行李架(一)　　(b) 车顶箱
(c) 车顶行李架(二)　　(d) 车顶自行车架

图 2-86　车顶行李架和车顶箱

二、正确选择车顶行李架

车顶行李架主要根据不同车型顶部的结构来选择。有的车型顶部原来已经预留有安装车顶行李架纵轨或行李架接口；如果没有预留的接口，必须用专门的行李架卡扣加装行李架。可以根据这些结构特点来正确选择车顶行李架。

常见的车顶行李架纵轨有分离式、一体式和T形槽式三种，它们的结构及安装方法如图2-87所示。

(a) 分离式纵轨结构及安装方法

(b) 一体式纵轨结构及安装方式

(c) T形槽式纵轨结构及安装方式

图2-87　车顶行李架纵轨结构及安装方法

① 分离式车顶行李架纵轨中间是留空的，像拱桥一样，这种行李架的好处是非常灵活，装东西的时候除了加装横向行李架外，也可以直接用绳子绑住一些容易固定的物品，非常方便。

② 一体式车顶行李架纵轨中间没有留空，是直接贴合在车顶上的，这种行李架没有分离式车顶行李架那么高，看起来也会更加美观一些，配合车身线条，非常漂亮，但是想要装

物品，则需要额外再加装横向行李架。

③ T形槽车顶行李架纵轨比以上两种纵轨的高度更低，不加装行李架时不影响车辆的整体美观，但如果要加装横向行李架时，则比以上两种更加费力一些。

大多数轿车没有行李架纵轨，只是预留了加装行李架的接口（图2-88）。

图 2-88　无纵轨行李架的安装方法

车顶行李架只要固定合适，安全性是绝对能够保障的。在自驾游或者长途旅行的时候，自行车这类不方便放在后备厢内的物品即可放在车顶。车顶行李架在使用的时候需要注意以下事项。

交通法对载客汽车车顶行李架载货是有严格规定的，从车顶起高度不能超过半米，从地面起高度不能超过4m（图2-89）。

现在绝大多数的城市SUV还是只在城市中行驶，车顶行李架派上用场的机会少之又少，而且加装了车顶行李架后高速行驶时的风阻和风噪也都不小。原车没有车顶行李架的车型，后期加装时一定要记得到车管所报备，私自加装车顶行李架是违法的。

图 2-89　交通法对车顶行李架载货的要求

三、安装步骤

车顶行李架和车顶箱的安装方法一样，最主要的是先安装两根横杆；安装好两根横杆后，就可以在其上面安装车顶行李架、车顶箱和自行车架等。现以奥迪 A4（A6）车顶箱安装为例具体说明它们的安装方法和步骤。

（1）安装车顶架横杆

① 奥迪A4（A6）车身原先已经预留了安装的位置，相对来说安装比较方便。
② 拆除包装，检查横杆和专用工具、减振橡胶条和说明书等，如图2-90所示。
③ 阅读安装说明书，如图2-91所示。

图2-90　检查横杆和配件

图2-91　阅读安装说明书

④ 打开横杆两端面的固定螺栓装饰盖，并用专用工具拧松固定螺栓，如图2-92所示。
⑤ 两人合作，将行李架横杆放置在车顶上。注意，事先要打开车门和找到行李架的安装位置，如图2-93所示。

图2-92　打开固定螺栓装饰盖并拧松固定螺栓

图2-93　将行李架横杆放置在车顶上

⑥ 先使行李架横杆上的销钉对准车身上的定位孔，然后扣紧，再用专用工具上紧固定螺栓，并盖上螺栓装饰盖，如图2-94所示。
⑦ 把横杆两端的装饰盖打开，装上与行李架配套的减振橡胶条，并把多余的剪断，如图2-95所示。

图2-94　定位安装

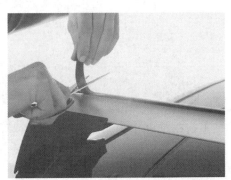

图2-95　装减振橡胶条并把多余的剪断

⑧按同样方法安装另一根行李架横杆，如图2-96所示。

图 2-96　按同样方法安装另一根行李架横杆

（2）安装车顶箱

①两人合作，把车顶箱放到车顶上，并且放在行李架两横杆的中间位置，如图2-97所示。

②准备好车顶箱的安装零件，如U形螺栓、特制螺母扣等。

③用车顶箱钥匙打开车顶箱，把U形螺栓从车顶箱底下先扣住行李架横杆，再穿过安装孔到达车顶箱里面。

④在车顶箱里面，用特制螺母扣把螺栓锁上，并按下保险按钮，确保固定牢靠。

⑤用同样方法安装完车顶箱的四个角连接螺栓，盖上车顶箱盖，并锁好，操作结束，如图2-98所示。

图 2-97　把车顶箱放到车顶上　　　　图 2-98　安装完车顶箱

（3）安装车顶行李架

①打开两根横杆的一端装饰盖，把减振橡胶条取出，每根横杆槽内安装上两个专用螺栓，且放置在平行位置，如图2-99所示。

②放上车顶行李架，如图2-100所示。

③先使两根横杆的第一个螺栓穿过车顶行李架的前面两个定位孔，然后把车顶行李架往对面推动，到合适位置再把另两个螺栓穿过车顶行李架的另两个定位孔，如图2-101所示。

④把车顶行李架推到横杆中间，如图2-102所示。

⑤上紧四个固定螺母，扣上装饰盒并锁上，如图2-103所示。

⑥操作结束。

图 2-99　每根横杆槽内装上两个螺栓

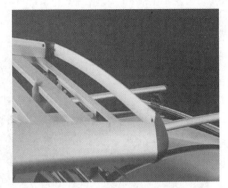
图 2-100　放上车顶行李架

图 2-101　使横杆四个螺栓全穿过车顶行李架定位孔

图 2-102　把车顶行李架推到横杆中间

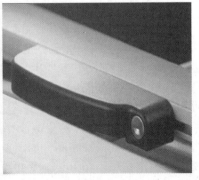
图 2-103　上紧固定螺母并扣上装饰盒且锁上

四、注意事项

① 在选购时一定要注意产品的质量。车顶行李架的主体支撑部位主要有铝合金以及高强度塑料（尼龙加上混合玻璃纤维）两种材料。质量有保证的车顶行李架不仅能增加车身的强度，同时还可以最大限度地避免车顶行李架在使用时对车顶漆的损伤；相反，加装粗劣的车顶行李架会损伤车体和造成行车危险。

② 不是所有的车型都适合装车顶行李架，对于没有预留安装行李架位置的车辆，在车顶钻孔的过程中必须注意位置要准确，安装时必须确保做好车身的防漏、防锈工作，否则会影响车辆使用。

③ 越野车本身的高度较高，应注意车高加行李架不能超过2.3m。

④ 在安装时一定要按照相关规程操作，否则可能会出现安装未到位的情况，或者当力矩过大时会扭曲车顶；特别是对于有天窗的汽车，不按照规程安装车顶行李架会使天窗被损坏。

⑤ 在加装车顶行李架或车顶箱后，必须告知车主在行车前要注意检查其是否牢靠，确保牢靠后才能行驶；行车过程中注意紧急制动有可能造成车顶行李架或车顶箱松动，所以也要减少紧急制动。

⑥ 行车前，货物要在车顶行李架上绑紧或固定好，摆放均匀，要加行李网；车顶箱内的物品也必须用松紧带绑紧，如图2-104所示。

图 2-104　行车前要捆绑好车顶行李架或车顶箱中的物品

⑦ 货物不能超过行李架的设计承重，承重设计一般为30～50kg。

第八节　车身局部装饰

一、车身局部装饰的分类

车身局部装饰中，按照其装饰的项目内容和功能来区分主要有眼线装饰、车身贴花装饰、轮眉装饰、安装防撞条、中网框装饰和其他局部装饰。

二、眼线装饰

1. 眼线装饰部位

眼线也称为"眼眉",是在前车灯上表面部位附着的装饰件。将前照灯或后尾灯(左、右)均加上眼线装饰,如同女孩描眉打眼影一样,楚楚动人。眼线装饰如图2-105和图2-106所示。

图2-105　速腾前照灯的眼线装饰

图2-106　福睿斯后尾灯的眼线装饰

2. 眼线装饰的选择

由于大多数的眼线都是不干胶制品,因此应选择质地好、寿命长、色彩丰满、粘贴牢固的材料。

3. 眼线装饰的施工

① 按装饰部位的形状将两张叠好的眼线材料剪裁成长短、宽窄、形状相匹配的"眼眉"。

② 将欲粘贴的部位用半干布擦净,以确保粘贴牢固。

③ 将裁剪好的眼线材料粘贴到设定部位。注意不要有气泡、褶皱等缺陷。

④ 使用独特的眼线,可大幅度提高装饰效果。

三、车身贴花装饰

1. 车身贴花装饰的发展

如图2-107所示,国外的车身贴饰最早出现在赛车上,因为赛车运动需要赞助商的支持,所以车身上五颜六色的赞助商标识就成为一种"极速广告"。其内容无外乎改装厂牌、配件商标、机油广告等。只要赛场上有的,很多车迷就会喜欢,所以很快车身贴饰就出现在其他车上,且由单纯的商标发展到贴花、彩条等多种图案。

车身贴花装饰在国内早期出现在整车配套装饰市场,当时许多车主买贴饰产品的主要目的是为了汽车年审的需要。这主要由于一些进口车在出厂前就有贴饰,而在长期的使用过程中,有些贴饰出现了大面积脱落现象。这些车主为了不引起别人误会,以及还车辆原来的外观，便开始在车市购买相同图案的贴饰贴在车身上，这也方便顺利通过汽车年审。贴花装饰效果如图2-108所示。

图 2-107　赛车贴饰

图 2-108　贴花装饰效果

2. 贴花装饰的选择

① 看设计能力，根据车主的个性化需求进行选择。一般来说，国际汽车贴花大公司都拥有专业的贴花设计队伍，他们手中掌握了许多汽车贴花的流行、时尚元素，可以将车身外饰设计做到时尚前沿。

② 看质量，选择知名厂家的正规优质贴花产品。如果车主选择的车身贴花装饰产品质量较差，时间不长就会脱落，车身上不但留下很难看的胶状物质，而且车漆也会被破坏，所以选用贴花装饰产品质量是关键。质量好的贴花装饰产品寿命可以达到与车身同寿命，一些国际贴花装饰品牌的质量担保都可以达到8～10年。不过，这些贴花装饰产品大多集中在汽车生产厂家手里，或者是作为汽车零部件的形式出现在各个汽车厂家指定的汽车4S店里。虽然在汽车零售市场中不乏一些品质很好的国产贴花装饰产品，但其质量保证期与进口贴花装饰产品相比则要短得多。

③ 若需要经常改变外观，可挑选色彩亮丽、寿命不太长的贴花装饰产品；反之，可挑选寿命较长些的贴花装饰产品。

3. 车身贴花装饰的施工

在车身贴花装饰中，贴花的粘贴工艺比较简单，只要撕下背纸，然后贴上即可。

4. 注意事项

① 贴花装饰质量差异大，选购时应该仔细检查和审视。
② 贴花印花的技术推动着贴花装饰的发展，所以贴花生产厂家应该注意，印刷质量的好坏在很大程度上会决定该行业的发展。
③ 选择正规的装饰公司进行贴花装饰，质量可以有保障。

四、轮眉装饰

1. 轮眉的作用

轮眉安装在车身翼子板的最外沿（图2-109），不仅能起到保护轮弧的作用，还是非常美观的装饰件。特别是不锈钢轮眉，在阳光照射下会发出耀眼的白光，使整个车身显得更加饱满、坚实。

图 2-109　轮眉安装位置

2. 轮眉的种类

轮眉依材质分为不锈钢与塑胶两种（图2-110），依安装方式分粘贴式和卡扣式两种，其中卡扣式又分钻孔式和扣边式两种，钻孔式卡扣为普通卡扣，扣边式卡扣为金属卡扣。

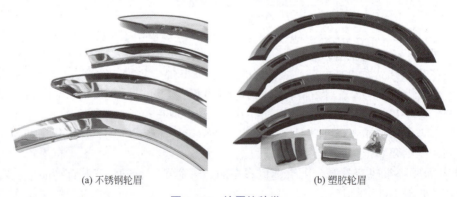

(a) 不锈钢轮眉　　　　　　　　　　(b) 塑胶轮眉

图 2-110　轮眉的种类

3. 轮弧饰片的选装

选装轮弧饰片时，应该注意专车专用，按照色泽和规格选择轮弧饰片。轮弧饰片的安装方法主要有两种：一是采用螺钉或拉拔铆钉法进行紧固；二是采用胶粘法进行装饰。轮弧饰片装饰效果如图2-111所示。

图 2-111　轮弧饰片装饰效果

4. 轮眉的安装方法

在此以比较流行的不锈钢轮眉为例介绍轮眉的安装方法和步骤。不锈钢轮眉安装属于勾边式卡扣安装，卡扣是金属材质，安装非常方便。

（1）安装轮眉中间固定卡扣

① 把固定卡扣穿过轮眉中间的安装孔，如图2-112所示。

 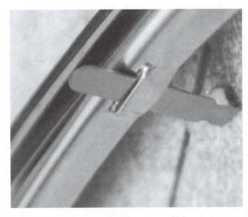

图 2-112　把固定卡扣穿过轮眉中间的安装孔

② 把轮眉放到轮罩上，调整好位置后，用手在轮罩里边压住固定卡扣钩头，使其紧紧勾住轮罩内侧边缘，如图2-113所示。

 注意：

有些车辆在安装轮眉前，要先把挡泥板拆下，待轮眉安装完成后再把它装回去。

③ 用钳子钳住固定卡扣外头，并适当施加拉力往外拉紧，然后再往轮罩里面反扣和压紧即可，如图2-114所示。

（2）安装轮眉两边固定卡扣

① 与轮眉中间固定卡扣安装方法一样，安装轮眉前面的固定卡扣，如图2-115所示。

② 与轮眉中间固定卡扣一样，安装轮眉后面的固定卡扣，如图2-116所示。

（3）安装四个轮的轮眉　用同样方法安装四个轮罩的轮眉，轮眉安装效果如图2-117所示。

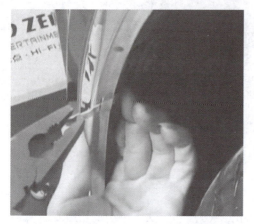

图 2-113　把轮眉放到轮罩上并调整好位置

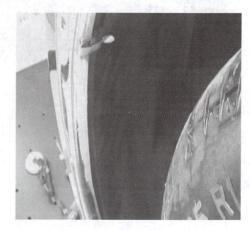

图 2-114　反扣卡扣

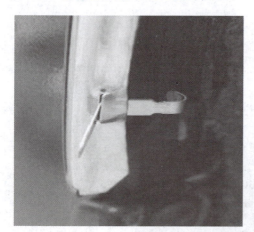

图 2-115　安装轮眉前面的固定卡扣

图 2-116　安装轮眉后面的固定卡扣

图 2-117　轮眉安装效果

五、安装防撞条

1. 防撞条的作用

防撞条也叫防擦条，是起防撞抗振作用的塑料胶条，厚度约为20mm。将防撞条粘贴在汽车前后保险杠的4个转角处（图2-118）、门边（图2-119）、后视镜（图2-120）等部位，能有效地防止不小心刮碰到障碍物而意外引起的汽车损伤（图2-121）。

图 2-118　保险杠转角处防撞条

图 2-119　汽车门边防撞条

图 2-120　后视镜防撞条

图 2-121　防撞条的作用

2. 保险杠防撞条的安装方法

① 清洁。先将保险杠清洗干净，再用无尘棉布蘸上酒精擦拭保险杠上欲安装防撞条的部位和防撞条的背面，如图2-122所示。

图 2-122　用酒精擦拭欲安装防撞条的部位

② 用热风枪将防撞条的双面胶加热，增加其黏性，如图2-123所示。

③ 撕去防撞条双面胶上的保护膜（衬贴），如图2-124所示。

图 2-123　加热防撞条的双面胶　　　　图 2-124　撕去双面胶上的保护膜

④ 再次用热风枪加热防撞条已经撕掉保护膜的胶面。建议对车身粘贴防撞条的部分也进行加热，但一定要注意控制好温度，以免对漆面造成破坏。

⑤ 安装。将防撞条压紧、固定在保险杠转角处的合适位置；撕掉防撞条表面的透明保护膜，如图2-125所示。

图 2-125　安装防撞条

⑥按照以上方法安装其他位置的防撞条，操作结束。

3. 保险杠防撞条安装时的注意事项

一套保险杠防撞条分前、后保险杠的左、右转角处各一条，总共四条，粘贴时要讲究美观，应注意前、后、左、右的对称性。

六、中网框装饰

在轿车前端，两个前照灯之间，这个部位最明显，也是设计师们进行装饰设计的重要部位。国内轿车在设计开发的时候都在这个部位下了很大功夫。

一般来说，原厂的中网框设计质量较高，比较坚固耐用，但是价格较贵，式样固定不变。附件厂或专业生产厂家的产品式样多变，价格低廉，但是质量却差。中网框装饰效果如图2-126所示。

图 2-126 中网框装饰效果

七、其他局部装饰

1. 镀铬材料的装饰

在汽车市场竞争激烈的情况下，采用各种手段提高汽车的装饰效果，可增强竞争力，提高汽车售价。汽车上采用镀铬材料的部位主要有旗标、浪板、门外把手、裙边、尾翼板、轮弧、窗饰条等。雪铁龙世嘉轿车标志镀铬装饰如图2-127所示。车身镀铬装饰如图2-128所示。

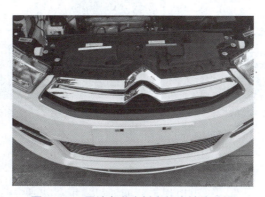

图 2-127 雪铁龙世嘉轿车标志镀铬装饰

图 2-128　车身镀铬装饰

2. 选装旗杆灯

（1）旗杆灯的作用　如图 2-129 所示，在轿车前端、保险杠的转角两侧，加装两个旗杆灯，主要作用：安全功能；装饰。

（2）加装旗杆灯的方法

① 在大灯总成中找出两个前灯的接线头。
② 各引出一根小灯线，透过小灯座附近缝隙引出。
③ 用手电钻在保险杠前端转角的适当处钻一个小孔，以安装旗杆灯。
④ 安装旗杆灯，用螺栓固定好，保持旗杆的竖直。
⑤ 将旗杆灯和引出小灯线接通。

3. 底光装饰灯

在车裙下部，装上 8～12 个装饰灯，可以大幅度提高汽车的装饰性。汽车改装底光装饰灯如图 2-130 所示。

图 2-129　加装的汽车旗杆灯　　　　图 2-130　汽车改装底光装饰灯

4. 激光灯

在车身上安装激光灯：第一，可以提高照明效果，提高驾驶安全性；第二，可以提高装饰性。汽车激光灯效果如图2-131所示。

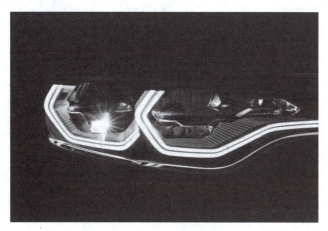

图 2-131　汽车激光灯效果

第三章

汽车内部装饰

汽车内部装饰是指对车内棚壁、地板、控制台等外表面通过加装、更换面料及放置饰品等方法改变其外观,以营造温馨、舒适的车内环境。同时增加座椅的舒适性及儿童乘车安全性,加装儿童座椅也成为一些车主对内部装饰必选的项目之一。

第一节 汽车内衬装饰

为了乘坐舒服以及美观,汽车驾驶室的内衬必不可少,同时内衬在室外高温环境下可以隔热并防止热量向车内传递,减少车辆行驶过程中发动机和传动部件对车内人员造成的噪声影响,并提高吸声效果。但受太阳直射影响,车顶温度会很高,热量会传递到驾驶室,因此对汽车顶棚内衬的耐热性和耐候性指标要求相对较严。

一、顶棚内衬的种类

1. 内衬的分类

汽车顶棚内衬按照制造成型方式分为软顶和硬顶两种。

(1)软顶 捷达轿车软顶内衬如图3-1所示,它一般由面料和泡沫层通过层压法或火焰法复合压制在一起而成型。外层面料一般采用无纺布和PVC膜制造,主要起到外观装饰作用,颜色及质地选择一般要与车身内饰整体颜色和档次相协调。内层泡沫用聚氨酯或交联聚乙烯泡沫制造,主要起隔热、隔声、吸声、减振等作用。软顶内衬主要用于货车、面包车和低档轿车上。

软顶内衬按照安装形式不同分为粘贴型内衬和吊装型内衬。

① 粘贴型内衬。粘贴型内衬的粘接方法一般有滚涂法粘贴和预涂法粘贴两种。用于滚涂法粘贴内衬的胶黏剂一般选择氯丁橡胶类,粘贴时使用胶滚或胶刷,均匀地涂在汽车内部顶盖内表面上,静置几分钟后,将车顶粘贴在指定位置上。用预涂法粘贴内衬时将压敏胶黏

剂预涂在软顶的背衬上，用离析纸作胶膜，在施工时揭去离析纸即可将软顶内衬粘贴在指定位置上。粘贴型内衬具有操作简单和成本低的特点。

② 吊装型内衬。吊装型内衬一般在背面缝上安装用的布袋或细绳，同时配备细杆以便于安装，细杆形状一般与车顶曲线相匹配。安装时，先将细杆穿过布袋或细绳，之后将细杆固定在车顶横梁上，将饰面周边用胶黏剂固定在内护板和前挡风玻璃横梁的胶条上。吊装型内衬的优点是重量轻和成本低。缺点是与金属顶盖之间缝隙较大，占用一部分室内空间，同时布袋与饰面连接处不平，易产生行车时的振颤，整体装饰效果一般。

图 3-1　捷达轿车软顶内衬

（2）硬顶　硬顶内衬一般指成型硬顶。它主要由装饰面、泡沫层和基材三部分组成，通常是利用大型生产设备，用热压成型法将它们复合压制成一个整体，具有一定刚性和立体形状。硬顶内衬按照安装形式不同分为粘接式内衬与镶嵌式内衬两种。

① 粘接式内衬。粘接式内衬的粘接是指在施工现场工人手持喷枪，直接将胶黏剂均匀地喷涂在硬顶背面的粘接区域内，根据工艺要求晾置一段时间，再粘贴在金属顶盖上。

② 镶嵌式内衬。镶嵌式内衬采用多层材料复合成型，由基材、缓冲隔热层、表皮层一体成型。基材可采用聚氨酯发泡片材、聚丙烯发泡片材、瓦楞纸、浸渍树脂的再生棉或玻璃纤维等；缓冲隔热层采用硬质聚氨酯泡沫塑料板；表皮材料主要采用织物、热塑性聚烯烃或聚氯乙烯膜等制成。

镶嵌式内衬安装分前、中、后及周边四部分。一般情况下，前部的安装点靠左右遮阳板和驾驶员灯固定装置实现，中部靠左右乘员把手和乘员灯安装点实现，后部则用塑料卡扣固定在顶盖后横梁上。成型硬顶的加工方法与使用性能主要取决于其材料性质。以往多数采用高压聚乙烯发泡材料制造，高压聚乙烯发泡材料具有无毒、重量轻、耐冲击、力学性能好、柔软性好等特点，但其成型性能差。

2. 内衬的常用材料

（1）热塑性基材　热塑性基材经烤箱加热软化后，在常温模具中受压冷却后成型，面料可在成型前与基材复合，也可在成型时复合。

① 聚苯乙烯材料。聚苯乙烯泡沫板材双面各复合一层具有较高刚度和强度的材料。聚苯乙烯基材重量轻、成本低、成型能力强，但是隔声效果差，受热变形温度较低，不利于使用溶剂型胶黏剂与表皮面料粘接。

② 聚氨酯材料。硬质聚氨酯一般由密度高、光滑而坚韧的外表面与低密度泡沫芯制成，

组成部分包括无纺布、玻璃纤维、胶膜、热塑性聚氨酯泡沫。硬质聚氨酯材料具有强度高、硬度大、胶黏量轻、热导率低、比强度高、面密度小、耐热性好和隔声隔热效果好等优点。

③ 聚丙烯材料。聚丙烯材料内饰具有较高的耐热性、抗划伤、耐冲击、刚性高、抗变形、耐老化性能好等优点。缺点是出模后收缩率低,且回弹较大。

④ 热塑性聚烯烃弹性体材料。热塑性聚烯烃弹性体材料作为汽车内饰表面材料,具有以下优点。

a. 密度小,比聚苯乙烯和聚氯乙烯轻22%~28%。

b. 不含增塑剂,不含氯元素,因此无污染。

c. 材料耐热性比聚苯乙烯和聚氯乙烯好,耐热温度可达130℃。

d. 耐候性、耐老化性好。

e. 有利于材料回收利用。

(2) 热固性材料

① 组成:以酚醛树脂为基材,将酚醛树脂、填料按比例混合,通过热模压型后交联固化成型。

② 填料:天麻纤维、木纤维、回收的棉纤维与回收的化学纤维等。

③ 特点:具有形状稳定、耐热性好、强度高、可回收再利用等优点;但是具有价格太高、专业投资大、成型周期较长等缺点。

3. 内衬的作用

(1) 隔声　汽车在行驶过程中,车外气流引起汽车顶盖振动,振动声会向车内辐射,车顶内衬能够吸收一部分振动辐射进而起到隔声作用。

(2) 降低噪声　汽车车身在设计时通常采用隔声、吸声和阻尼相结合的办法降低车内噪声。对传入车内的噪声可以采用吸声处理,由于汽车车身内饰使用吸声材料,减弱反射声能,从而可以降低车内噪声。此外采用多孔吸声材料,吸收中、低频率噪声使其产生共振而消耗声能。

(3) 防止产生静电　抗静电性非常重要,顶棚内饰必须进行防静电处理,使静电降到较低标准,并且要求在使用过程中,不能产生静电,同时不允许产生起毛、起球、吸灰等情况。

(4) 阻燃　对于顶棚内饰材料的阻燃作用国家标准中有明确的规定,内饰材料必须达到以下标准。

① 不燃烧。

② 可以燃烧,但速率不大于100mm/min,燃烧速率不适用于切割试样所形成的表面,或者从燃烧开始,火焰在60s内自行熄灭,且燃烧距离不大于50mm,认为合格。

③ 具有使用过程中遇油、水的污染时,不易扩散的抗污染能力。

(5) 装饰作用　汽车内饰应具有一定的美观性和装饰性能。

二、顶棚内衬的装饰方法

1. 拆卸旧的顶棚内衬

根据顶棚的具体结构,选用合适的工具,把顶棚内衬上有关的零部件(如顶灯、空调器、支承架等)拆下并放置好,具体参考步骤如下。

① 拆下遮阳板以及风窗玻璃和后窗四周的装饰条（如有三角窗，三角窗周围的装饰条也要拆下）。
② 拆卸车顶灯。
③ 拆下密封条（如车门用的是揿压式密封条，可直接拆下；如是老式密封条，可用刀沿靠近门框周围贴近密封条处把顶棚内衬切开，这样可看到带有锯齿的卡板）。
④ 拆卸卡板。
⑤ 拆下顶棚内衬。
⑥ 拆下拱形架。

2. 检查内衬及顶盖

当拆下内衬后，要认真检查顶盖的内衬是何种材料、结构形式是否有损坏及损坏程度如何、能否修复。这些内容都是重新装饰时所需要的参考材料，可为制定新的装饰工艺提供依据。还要检查原护板有无损坏，否则需要进行修复，以免影响新内衬的装饰效果。

3. 顶棚内衬的装饰步骤

（1）成形型顶棚内衬的装饰步骤
① 采用适当的方法将内衬表面材料拆下，裁剪新的PVC材料，装饰表面内衬。
② 对顶棚护板内表面进行清洁处理。
③ 装饰后的内衬清洗处理、干燥准备与顶棚安装。
④ 新内衬安装在顶棚上。
⑤ 安装拆卸的顶灯、空调等零件。
⑥ 全面清洗新顶棚，并用多功能清洁柔顺剂对顶棚内衬进行护理，使顶棚内衬焕然一新。

（2）吊装型顶棚内衬的装饰步骤　它的基本过程与成形型顶棚内衬的装饰类似。可采用简便方法来进行装饰，在顶棚护面没有腐蚀、锈蚀和划伤的情况下进行装饰，其步骤如下。
① 拆下顶灯、空调等零件，清洗，擦干。
② 按内衬表面的形状尺寸，用新的PVC材料进行剪裁，并与原清洗好的内衬表面缝制成一体，留足周边的粘贴余量。
③ 用通用的胶黏剂进行粘接，要使粘接后的内衬光滑、平整、牢固。
④ 把清洗干净的顶灯等零件安装好。把多余的内衬余量用刀片或剪刀裁剪掉后安装好压条。
⑤ 安装完成后，对表面进行清洗并用清洁剂进行护理，使表面光泽明亮。

其中，第③步较为关键，一般要从顶棚内衬的中部开始，分别向前、向后粘贴，粘贴时注意平整，逐渐向前或向后展开。注意压平、压实，粘贴层中不得有褶皱。如有气泡时，可用柔软而有弹性的压板从中部往边缘赶压，把气泡排出，注意只能向一个方向赶压，不能往复进行。同理，对空隙和褶皱也用压板赶压，使之消除，最终达到光滑、平整、牢固等要求。

（3）粘贴型顶棚内衬的装饰步骤　粘贴型顶棚内衬的装饰，实际上可看作是把填充层和表面材料用粘贴的方法逐一粘贴到护面内侧上。
① 拆除原内衬表面的PVC材料。可用热空气枪把PVC材料边缘加热，使胶软化，用钳子拉出周边后，向内部加热软化，最后把内衬PVC材料全部拆下。
② 制作新的PVC材料表面。参照拆下的表面，经裁剪缝制制成新的内衬表面。

③ 粘贴内衬表面，选用通用胶黏剂，常温下粘贴。
④ 安装原来拆下的清洗干燥后的顶灯、空调等部件，同时安装内衬表面的周边压条。
⑤ 清洗护理，保证装饰效果。

三、顶棚内衬装饰的注意事项

① 整个安装过程的关键是表面材料、胶黏剂的正确选用，并与其他内饰的和谐。
② 在安装过程中温度要控制好，热风枪的使用不要损坏内衬表面。
③ 粘贴时产生的皱纹用电熨斗熨平，气泡用刚性的塑料刮板除去，褶皱可在胶黏剂固化之前，用塑料压板除去。
④ 不要把清洗剂、胶黏剂等洒落到车窗、地板等处，粘接时要对地板进行遮盖。

第二节　仪表板装饰

仪表板是汽车内结构最为复杂、技术含量最高、零部件最多的总成系统。仪表板的外形、质量和材料风格决定了汽车内部的总体风格及档次高低。仪表板上有很多功能性的零部件，如仪表组合、音响组合、各种电气开关、空调控制器等，此外仪表板位置还涉及了一些安全要求，如驾驶员可视范围的要求、头部防撞击的要求、膝部防撞击的要求等，所以仪表板的装饰应注重专业性和安全性。

仪表板是全车控制与显示的集中部位，仪表板的形状是针对驾驶员操作区域设置的。现代轿车设计中，绝大多数的操纵开关都是供驾驶员专用的，所以，仪表板造型首先以驾驶员位置对仪表的可视性和对各种操作件的操作方便性为依据。在视觉效果上，仪表板位于车内视觉集中的部位，其形体对乘员也有很强的视觉吸引力，应注重其造型的综合效果。

一、汽车仪表板的性能要求

汽车仪表板（图3-2）是汽车内部最重要的功能性和装饰性总成。它直接影响汽车的使用价值和汽车的身价，也是市场竞争的一个亮点，世界各国的汽车生产厂家用尽方法来使得仪表板满足各方面的性能要求。汽车仪表板从设计、制造、使用和维修的全过程都要考虑成本因素。

图3-2　途观L汽车仪表板

设计仪表板时,首先要考虑简化仪表板的结构,方便仪表板的制造,有利于仪表的安装和驾车使用。一个好的设计应该是考虑仪表板的工艺性能,能用最通用的设备和简便的方法生产出来。其次,为了使汽车具有良好的经济性,必须在汽车的各总成设计时都尽量减轻总成的重量。仪表板应具有下列性能特点。

① 有足够的强度和刚度,能承受仪表、管路和杂物等的负荷,能抵抗一定的冲击。

② 有良好的尺寸稳定性,在太阳光辐射和发动机余热的高温下不变形,不失效,不影响仪表板的精确度。

③ 降低噪声。仪表板材料应具有吸收噪声、振动和冲击的功能。

④ 有适当的装饰性,格调优雅,反光度低,给人以宁静舒适的感觉。

⑤ 具有耐久性、耐冷热冲击、耐光照等性能,使用寿命在10年以上。

⑥ 制造仪表板的主要原材料与辅助材料均不得含有对人体有害的物质。

⑦ 耐汽油、柴油和汗液的腐蚀。

⑧ 软质表皮在常温下破损时,应为韧性破损,而不是脆性断裂,即要求制品破损时不出现尖状锐角。

⑨ 不允许含有使窗玻璃模糊的挥发物,有适当的装饰性,反光度低。

总之,高性能、低成本、重量轻、安全可靠、美观实用是对仪表板的重要要求,也是各大汽车生产厂家竞争的焦点和市场的卖点。

二、仪表板的类型

1. 按照安全性分类

仪表板按照安全性可分为无气囊仪表板和副气囊仪表板(针对副驾驶)。

(1)无气囊仪表板 一些中低档配置的轿车只在驾驶位置配置安全气囊,副驾驶位置没有,副驾驶位置会放置一个手套箱。

(2)副气囊仪表板 一般在中高档轿车副驾驶位置配备气囊仪表板(图3-3)。气囊打开保护乘客的同时,若乘车人是儿童,或者成人不系安全带也可能伤害乘客,故此一些新车型的仪表板气囊位置加装开关(图3-4),在气囊上方设计气囊盖板,在其打开时释放气囊。

图3-3 本田CRV带有副气囊的仪表板

图3-4 仪表板气囊开关

2. 按照舒适性分类

按照使用和视觉感官的舒适性，仪表板可分为硬塑仪表板、吸塑仪表板和半硬泡软质仪表板。

（1）硬塑仪表板　硬塑仪表板（图3-5）主体通过注塑工艺制成，它具有制作工艺简单、投资低等优势，目前在中低档车中广泛使用。

图 3-5　硬塑仪表板

（2）吸塑仪表板　吸塑仪表板（图3-6）通过注塑或压制骨架外吸附并黏结复合表皮，使其外观有皮质感。

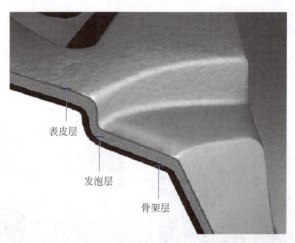

图 3-6　吸塑仪表板的结构

（3）半硬泡软质仪表板　如图3-7所示，半硬泡软质仪表板的结构分为三层，分别为骨架（合金基材）、泡沫缓冲层和皮层。其中皮层主要有真空吸塑成型表皮、搪塑成型表皮和喷塑成型表皮三种，搪塑成型和喷塑成型在近年因其花纹均匀、无内应力、设计宽容度高等特点被广泛应用，并得到客户高度认可，将成为中高档车的主导。

图 3-7　半硬泡软质仪表板的结构

3. 按照驾驶方向分类

按照驾驶方向不同，仪表板可分为方向盘左置仪表板和方向盘右置仪表板（图3-8），这主要根据整车的要求而定。

图 3-8　方向盘右置仪表板

4. 按照仪表板结构分块形式分类

（1）上下分块式仪表板　上下分块式仪表板如图3-9所示，在仪表板的上下方向中部有一条水平贯穿分割线，通过分割线把仪表板的台面分成上下两个部分，主仪表显示区一般安装在分块上部，中置控制区安装在分块的下部并向后延伸形成副仪表板区。

图 3-9　上下分块式仪表板

（2）左右分块环抱驾驶区式仪表板　左右分块环抱驾驶区式仪表板如图3-10所示。在仪表板上没有横向贯通的线条，仪表显示区和中控区是紧密联系的。主仪表和空调、音响等的操控区域围绕驾驶员环抱分布，体现了很好的操控性和人机协调性。环抱区通过大的回转线条和前排乘员区的表台分离，形成左右两部分，利于驾驶员的操控，主要用于经济型或运动型轿车。

图3-10　左右分块环抱驾驶区式仪表板

（3）左中右分块式仪表板　左中右分块式仪表板如图3-11所示。它强调中置控制区的功能，形体上独立或呈封闭的区间，其线条不与左右的型面连接。各个功能区的划分明显，一目了然，形体上饱满圆润，可以派生出多种不同的布局方案，这种布置方式常用在小型车和概念车上。

图3-11　左中右分块式仪表板

（4）中置式仪表板　中置式仪表板如图3-12所示。它在某种程度上取代了传统的指针式仪表板，数字读取方便，屏幕占用空间小，可塑性强，把仪表布置在仪表板中间，形体新颖直观。驾驶员正前方区域不再有凸起的表罩形体,下视野良好,并能够快速了解车况信息。

图 3-12 中置式仪表板

5. 按照材料分类

仪表板按照材料分为金属仪表板、塑料仪表板和复合仪表板三种。

（1）金属仪表板 迈腾轿车采用的金属仪表板如图 3-13 所示,它一般用薄钢板和铝合金冲压成形,有整体式和组合式两种。整体式金属仪表板形状简单,采用冲压制造;组合式金属仪表板比较大,形状复杂,分块加工,然后焊接在一起。

图 3-13 迈腾轿车采用的金属仪表板

（2）塑料仪表板 塑料仪表板分为整体式和组合式两种,整体式塑料仪表板花纹形式复杂,装饰效果好;组合式塑料仪表板生产方法简单,组合方便。

（3）复合仪表板 奥迪轿车采用的复合仪表板如图 3-14 所示。它一般使用 PP、PE、PPO、AS、ABS、ABS/PC 等材料制成。它具有良好的回弹性,可吸收 50%～70% 的冲击能量,安全性高、耐寒、耐热、坚固耐用。

图 3-14　奥迪轿车采用的复合仪表板

三、仪表板的装饰方法

仪表板的装饰与车型和汽车的使用情况以及车主的个人爱好有关，有些车型的仪表板凸显简朴特色，有的采用真皮装饰，有的采用桃木进行装饰，还有的采用色彩来装饰仪表板。

1. 仪表板装饰时的注意事项

① 在仪表板装饰时要结合车辆的实际情况来进行，避免低档车进行豪华装饰和高档车进行低水平装饰。

② 要与内饰协调，与其他内饰相和谐，绝不能影响到整个内饰的装饰效果，毕竟仪表板只是整个内饰的一部分。

③ 装饰方法和仪表的选择都要慎重，根据车辆的实际情况来选择合适的装饰方法并选用合适的仪表。由于汽车的各种仪表具有特定的功能和使用条件，只有具有相当技能的人员才能正确选用和改装汽车仪表的布置、安装、调试，否则不但达不到装饰的目的，还可能适得其反，导致事故的发生。

④ 装饰过程中要选用合适的胶黏剂，仔细阅读各种胶黏剂的使用说明书，然后根据实际需要选用满足使用条件的胶黏剂。如不能把握，可先用少量的胶黏剂来试用，看其是否满足要求。当发现确实能够满足使用要求时再使用它。

⑤ 汽车仪表板的装饰中，表面装饰很重要，用真皮或桃木装饰仪表板会给人一种华贵、气派的感觉。

2. 用真皮装饰仪表板

目前市场上，用真皮来装饰仪表板属于高级装饰，当然，如果是用高级真皮装饰就更高级了。一般认为用黄牛皮装饰就属于豪华装饰。宝马760Li真皮仪表板及方向盘如图3-15所示。

用真皮装饰仪表板的方法如下。

（1）拆下原来的仪表板表皮　根据原仪表板的情况和车型，选择合适的方法把仪表板上的各种仪表和装饰件全部拆下，进行必要的清洗并保存好。如是胶粘式的，先用热喷枪对仪表板边缘处进行加热，使胶软化，然后用通用尖嘴钳拉出人造革边，逐步向中间加热，并不断地拉起旧的人造革，直到把旧的人造革全部拆下。此外，在拆下仪表板之前，还应该把仪表板上各种仪表和装饰拆下，并将其进行必要的清洗，以备安装时使用。

图 3-15　宝马 760Li 真皮仪表板及方向盘

（2）缝制真皮仪表板　一般来说缝制一张新的仪表板大体分三步。第一步是选择合适的表皮材料，通常根据原来的表皮材料来完成，选择与原表皮材料同类型、同规格的材料即可。如车主要求提高车辆的档次，可选用高级的材料。第二步，裁剪并缝制新表皮，这时也要参照原表皮的尺寸。如要把表皮裁剪好，还需要裁剪师具有相当的经验。第三步，在完成新表皮的裁剪和制作后，必须进行检查。检查的方法就是把新表皮进行试贴，看其是否能够很好地贴合。要通过多次试贴和修改才能达到平整的目的。

（3）粘贴仪表板表皮　粘贴仪表板表面时，要注意选择合适的胶黏剂，常选用汽车通用的胶黏剂进行粘贴，要保证粘贴质量。先在仪表板的填充层表面均匀地涂一层胶黏剂，等到用手触摸表面不粘手时，便可将仪表板的表皮对准，从中部开始向两边逐一展开，一手拉着表皮，一手轻压表皮与填充层表面接触，贴服无差异时，再用手压表皮与填充层表面，压实填平，并把边缘转折到内侧粘贴牢固。达到表皮粘贴位置正确、无气泡、无皱纹、表面光滑、平整无划痕的要求时，才算粘贴成功。

（4）安装仪表板　当粘贴后的仪表板完全固化后，按拆下时的反向工序，把仪表板固定在车身上，然后装上各种仪表和其他附件及装饰件等，完成安装。安装完成后还要进行清洗护理，要注意选用合适的清洁剂，然后用软拭布清洗污渍。清洗护理的方法与汽车美容部分完全一样。

3. 用桃木装饰仪表板

在汽车仪表板装饰中，目前使用桃木装饰成为一种趋势。桃木具有纹理优美、坚韧、不会变形等特点，成为中高档轿车内饰材料的首选。特别在仪表板装饰中，能凸显回归自然的特色。国内外均有多款车型采用桃木来装饰仪表板。桃木的处理工艺相当精细和烦琐，市面上出现了仿桃木，选用时要注意，否则不但达不到理想的装饰效果，反而适得其反。如图 3-16 所示为桃木装饰的仪表板。

此外，仪表板的色彩运用对装饰效果起着巨大的作用，如高贵的橘黄色、稳重的深色、传统的灰色等。色彩在汽车内饰中会给人以最直观的冲击力，要重视色彩营造的氛围。

图 3-16 桃木装饰的仪表板

第三节 汽车座椅装饰

　　汽车座椅基本上都是由汽车配件厂专门生产的。座椅的主骨架和形体，一般是按人体工程学原理，以保证乘坐舒适、安全而设计的，其基本结构为复合型。座椅装饰主要集中在座椅的表层，主要是对表层材料的选用、加工制作。表层材料主要采用棉毛纺织物、化纤及混纺等纺织物和皮革等。目前，以化纤、混纺物和人造革用得最广泛，以真皮装饰最为豪华。

一、座椅的分类

　　按照座椅表层的材料分类，主要有纺织布料座椅、人造革座椅和真皮座椅；按照座椅的使用功能分类，可分为驾驶员座椅、乘客座椅、儿童座椅三种（图3-17）；按照座椅的结构与车型用途分类，可分为轿车座椅和客车座椅。

图 3-17 汽车座椅的不同类型

1. 驾驶员座椅

驾驶员座椅安装在驾驶员的座位处。驾驶员在开车时必须集中精力，始终注视前方，灵活机动处理各种交通路况。为了有利于驾驶员的驾车，对座椅的舒适性和方位（高低、前后、左右）的可调整性要求较高。所以，驾驶员座椅总成的机构复杂，性能可靠，调整灵活。多数是电动可调的，又称为电动座椅。

2. 乘员座椅

乘员座椅要求乘坐舒适，这与驾驶员座椅要求一样。但对调整方面无过多要求，一般乘员座椅，只在一些豪华轿车上才有角度调整机构，即俯仰角度可在一定范围内调整，以期达到提高乘员舒适性的目的。

3. 儿童座椅

儿童座椅是根据体型设计制作的一种专用座椅，在汽车上安装这种座椅，不仅可使车祸对儿童的伤害降低到最低程度，而且为儿童舒适地乘坐和家长精心地照顾提供了便利。儿童座椅在我国的市场中地位还很低，几乎所有发达国家都有相应的法规来规定儿童座椅的使用范围。特别是瑞典，在1982年制定了法规，对7岁以下的儿童乘车，车上应有保护儿童的安全装置，目前这种安全装置的使用率已经超过95%，其中60%的儿童座椅是面向后的。我国于1992年7月1日立法规定坐在汽车前座的8岁以下的儿童，必须使用儿童座椅。3个月后，法律进一步规定，所有坐在汽车后座的8岁以下的儿童必须坐在儿童座椅上，并系好安全带。

儿童座椅的结构和安装方法，也是经过研究和实验来确定的，其安装应该配合儿童身躯的大小，而且应该绑妥在座位上。3岁以下儿童头部的周长占人身长的60%，因此头部受力比较大。8岁以下的儿童脊椎发育尚不成熟，不能承受和成人相同的安全带的强作用力。由上可知，保护儿童在车内不受伤，关键是保护儿童的头部。经研究实验确定，面向后部的儿童专用座椅，能将冲击的力分散到背后，抑制头部的运动，这是目前最好的解决方案。

儿童座椅有不同的型号，这是因为在不同的成长期儿童身体的状况不同。1996年时，瑞典0～15岁的儿童95%乘车时备有安全保护装置，3岁以下的儿童坐在面向后面的专用座椅上，这也是儿童在撞车中受伤率最低的主要原因。在儿童座椅上也专门设置了安全带，使轻度受伤的可能性降低96%。不同类型的儿童座椅如图3-18所示。

图 3-18

图 3-18　不同类型的儿童座椅

二、座椅的装饰

在座椅的装饰中，可以通过功能扩展、加装精品等方式来提高座椅的装饰性和使用性。

在具体进行座椅装饰前，应先根据车型状况进行分析：对于豪华车而言，座椅本身已是豪华的，没有再装饰的必要和余地，只有当装饰旧了或坏了，方可按原样重新装饰；对于中低档车而言，使用一段时间后，对座椅的装饰不满意，或因陈旧或破损时，需要重新装饰，以提高车辆的装饰档次时，可选用真皮装饰座椅。

1. 真皮座椅装饰的鉴别

真皮座椅可提高汽车内部的装饰档次，而且真皮不像绒布、纺织品装饰座椅那样易污，灰尘落在其表面，不会堆积在座椅深处。在夏天，真皮的散热性好，能给人比较舒适的乘车环境。但是使用时要小心，以防尖锐物划伤真皮表面。此外，真皮座椅受热后易出现老化现象，需及时护理，护理不当也会导致过早老化，表面失去光泽，甚至开裂。真皮座椅的鉴别方法有以下几种。

（1）燃烧鉴别　真皮不易燃烧，特别是牛皮更难燃烧，而人造革很容易燃烧。

（2）按压法鉴别　对做好的座椅，可用食指按压表面，压住不放，看是否有许多皮纹向按压处伸去，如有这种现象出现说明座椅是真皮做的，如无此现象说明是人造革做的。

（3）延展性法鉴别　定做装饰时，可找制作时的一块边角材料进行检查，拉一下材料看其是否有较好的延展性和回弹性。如有，说明是人造革，因为真皮的延展性和回弹性都较差。

（4）断面形状基本法　真皮材料的表面结构紧密，可见毛孔，内层粗糙一些，可见一些纤维状层纹，纤维不易拉出。人造革表面层光滑细密，无毛孔，而内层也粗糙，可见整齐切割的断面，其纤维比真皮纤维粗而长。

2. 真皮座椅的装饰

在所有汽车装饰用品中，真皮座椅是提高车辆档次的首选。真皮座椅是不需要用水来清洗的，脏了只要用清洗剂擦拭一下就会焕然一新，擦拭后让座椅马上晾干，也不会对皮质造成损坏，所以越来越多的车主改装真皮座椅。简单地说，真皮座椅制作分为八个过程：拆卸、制板、裁剪、跑里、缝合、上包、修整、交工。

（1）拆卸　加装真皮座椅的汽车，第一步便是安全地把车上的原有座椅拆卸下来（图3-19）。这个程序不需要很高的技巧，但对某些车型需要注意安全，要弄清气囊的位置，然后动作尽量放轻，避免出现对气囊的撞击。接下来将原来座椅的绒布套拆下，露出座椅内部的海绵。

（2）制板　座椅及座椅原有包面拆卸下来以后，要做的是"制板"（图3-20）。板型的制作是最为关键的一步，这需要很高的技术。技师会根据原车的绒布套、座椅的形状以及座椅海绵的形状，进行详细分析和比较，一步步制作出大小不一的"板"。这个过程非常复杂，也非常费时。一套真皮座椅由几十块"板"组成，但当"板"第一次制作成型，以后同样型号的座椅就不需要再进行"制板"了。一般内饰定制店里大部分车型的座椅都有板型，所以这一步基本可以略过。

图 3-19　拆卸

图 3-20　制板

（3）裁剪　"裁剪"就是裁皮，把一整张真皮按照板型裁剪（图3-21）。这个步骤需要具备一定技术和功底的技师才可以完成，有经验的技师知道皮面的挑选以及板型的搭配，同时也能让皮料得到合理的利用。

（4）跑里　皮面裁好以后，要在皮里（皮面的内侧）面加一层海绵，海绵要先用机器砸在皮料上，行业内称为"跑片儿"。

（5）缝合　把准备好的皮面按照固定的位置缝合到一起（图3-22）。这是所有程序里最看重技术的一项，一般客户都会看皮椅明线是否平直、匀称，要保证皮椅外露的明线绝对平直。

（6）上包　如图3-23所示，把已经缝合好的各个部位的真皮套在座椅上，然后通过卡钉、卡条、钢筋、铁丝等物品来和座椅进行固定，之后再用手进行拍打、抚平。真皮座椅不能在其表面有褶皱，这与板型是否合适有很大关系。由于真皮比较厚且硬，合适的板型也很难完全做到一点褶皱也没有，因此上包这个步骤也会辅助完成去褶皱。

图 3-21　裁剪

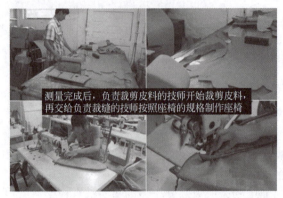

图 3-22 缝合

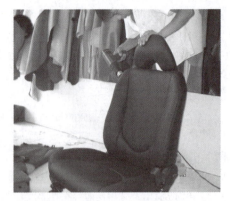

图 3-23 上包

（7）修整 包好的真皮座椅进一步完善和修整，使座椅达到近乎完美（图3-24），进行最后的修饰工作。

（8）交工 最后一道工序，把已经完成的、近乎完美的真皮座椅按原来分布和安装方式安装到车里，最后检查是否有未尽环节，检查无瑕疵以后确认交工（图3-25）。

图 3-24 修整

图 3-25 交工

3. 用汽车精品来装饰座椅

为了使乘员乘坐时感到更加舒适，人们想尽办法，制造出各种汽车精品饰件，用来提高乘坐的舒适性、改善乘坐的透气性和增强乘坐的保健性。例如，汽车坐垫、靠垫、特种功能的座椅等。

（1）汽车坐垫 夏季使用的汽车坐垫有用竹藤（图3-26）编制的，也有用冰丝、玉石（图3-27）、兰草制作的，甚至还有用大理石串联的。它们有的装饰性强、有的舒适、有的耐用，可以根据个人需求和购买能力来决定，但不要只以价格做衡量标准，要从外观、材质、做工、衬布及舒适性和实用性来全方位考虑。

冬季使用的汽车坐垫，从质地上看有普通绒垫、人造毛坐垫以及高档的羊毛坐垫。普通绒垫档次较低，容易掉毛，而且冬天穿毛衣容易引起静电，不过造价低廉。人造毛坐垫价格在100元左右，大部分车主都能接受，适合普通家庭轿车使用。比较高档的汽车羊毛坐垫又分平绒、高低绒和长毛绒三种。平绒也就是平常说的羊剪绒，适合中高档车使用。其特点就是手感好，毛茸茸的，一看就觉得有股暖意。高低绒坐垫的中间是平绒，两边是长毛，因此得名。高低绒坐垫最为豪华、庄重。如图3-28所示为精品汽车坐垫。

图3-26　竹藤编制汽车坐垫

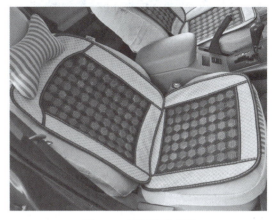

图3-27　玉石汽车坐垫

图3-28　精品汽车坐垫

（2）靠垫　按使用目的不同，靠垫的种类也不同。夏季气候炎热，为了使人们免受炎热之苦，对没有空调的汽车常常可以在座椅的结构和装饰上想办法，这就有了降温靠垫，还有具备磁疗和护腰两大功能的护腰靠垫。不同的汽车座椅靠垫如图3-29所示。

图 3-29　不同的汽车座椅靠垫

（3）特种功能座椅　由于汽车使用功能的扩展，座椅的装饰、结构也必须顺应这种发展的趋势。所以，座椅的新的结构和装饰也层出不穷。

① 办公座椅。目前的多功能汽车，显示出人们对汽车功能要求更高。例如，为了满足行车时批阅文件和资料或阅读书刊等的需求，可在前排座椅的背部设置一个简便的台桌，以放置文件、书本和水杯等物品，不用时即可折叠起来。

② 可调式座椅。为了方便乘客和提高乘坐的舒适性，不仅驾驶员座椅可调，乘员的座椅也可设置成前后位置可调（图3-30），乘坐时可使乘员的腿有舒适的必要空间；为了使乘坐时身体和腿构成一个舒适的角度，座椅靠垫的角度可调；乘员的身体不一，为了使头部能舒适地靠在头枕上，头枕的高度可调。这样的座椅，既有适合人体需要的弧形，而且安置的位置和靠背均可按人的需要调整，必然会给人们创造出一个乘坐舒适的良好环境。

图 3-30　可调式乘客座椅

③ 组合可调式座椅。为了满足车内多种功能的需求，有的车上设置组合式可调座椅，每个座椅单独可调，并有7种以上的组合调整方式，既可组成有小桌式的会议室，又可布置成带床头柜的寝室，驾驶员的座椅可转180°并锁定。如此的组合座椅，为汽车的内室装饰提供了无穷的情趣。

④ 儿童娱乐座椅。汽车功能增加，对乘员情况也作了更细致的需求分类，考虑到儿童乘员的安全，设置了儿童安全座椅；又考虑到儿童本性爱好娱乐，为满足儿童乘车时这种娱乐需求，又专门为儿童设置了娱乐座椅。儿童可在这种安全的座椅上愉快玩乐，可消除乘车时的疲劳感。

⑤ 多功能座椅。汽车功能的增加，对座椅功能的要求也相应增加。为此，对座椅的结构和装饰也增加了新的要求。例如，要求座椅的安装位置应灵活多变；座椅本身能折叠、能旋转；在座椅的背部设置可方便拆卸或可折叠的袖珍办公台板，可挂置VCD和微型彩色汽车电视机等多媒体装置；有的还设置有杂物袋，可放置书刊和报纸等物品（图3-31）。总之，

现代的座椅及装饰都呈多样化,可满足各种人的不同需求。

⑥ 空调座椅。如图3-32所示,在座椅的内部(即靠背和座椅)共设置了10个小风扇,并设置了电加热和通风装置。在冬季,可用电加热装置经风扇排出热空气,使乘客感到温暖;在夏季,由10个小风扇排出凉风,直接吹向背部和大腿等部位,乘坐时清凉舒适。

图 3-31　汽车多功能座椅

图 3-32　汽车空调座椅

4. 座椅色彩装饰

座椅色彩装饰是所有装饰中都离不开的一种手段,能起到非凡的装饰效果。

(1)黄色装饰座椅(图3-33)　黄色在人们的心目中往往和阳光联系在一起。所以,黄色在汽车内饰和座椅的装饰中也有其特殊贡献。

(2)绿色装饰座椅(图3-34)　绿色是大自然的本色,意味着自然和成长,象征着和平与安全。淡绿色的真皮座椅经过精心剪裁和细心制作,配以清淡的图案装饰,使整车座椅的装饰呈现出清新、淡雅、舒适的氛围。

图 3-33　黄色装饰座椅

图 3-34　绿色装饰座椅

（3）双色及图案装饰座椅（图3-35） 座椅的色彩装饰，以前用单色装饰的较多，由于装饰的发展，突出个性化，多色彩装饰便增多起来，在色调的配置上也有许多新的突破。这种突破，大有创新的感觉。

（4）花式弧形装饰座椅（图3-36） 在座椅的装饰中，常采用花式面料，花色品种繁多，在汽车配件商场里可任意选购。而座椅的外形差异也较大，虽然都说是以"人体工程学"原理设计的，但因设计的重点差异，所以弧度形状自然也不相同。

图 3-35　双色图案装饰座椅

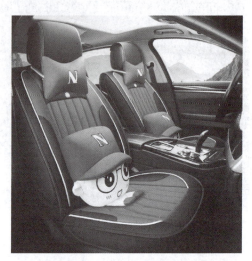

图 3-36　花式弧形装饰座椅

三、儿童座椅的安装

① 如图3-37所示，取出后排座椅ISOFIX接口罩，按住底座上的ISOFIX按钮就可以将支撑腿弹出。

② 将儿童座椅底座安装在后排座椅上（图3-38）。

图 3-37　打开底座支撑腿

图 3-38　将儿童座椅底座安装在后排座椅上

③ 如图3-39所示，将安全座椅主体左侧卡上去，再将右侧卡上去。安装完成会听到"咔哒"的声音，代表卡到位。

④ 安装完成的儿童座椅如图3-40所示。

图 3-39　安全座椅主体的安装　　　　图 3-40　安装完成的儿童座椅

第四节　地板的装饰

汽车的地板在底盘的上部，是车厢的基础部分，支撑车内的设施和人员。地板与侧围、前围、后围和顶棚共同构成了汽车的内饰。要求地板有可靠的安全性，能稳固地起到支撑作用。同时，它又是车厢与地面之间的隔离层，要求能起到保温、隔热、防湿、防潮、防尘、防止外部噪声进入车内的作用。

一、地板装饰材料的选用

1. 地板装饰材料选用的原则

对地板的装饰，主要是因为原地板陈旧或损伤需要装饰，可参照原地板使用的材料、色泽和构造，采用适当的方法进行装饰。若是为了提高原车装饰档次，可在内饰改装的同时，对地板进行改装。这时需综合考虑，使之与内饰和谐。可采用在原地板的基础上，选装汽车地毯，直接放置在地板上即可。

2. 地板装饰材料色泽的选用

地板装饰的颜色，最常用的是深灰色和红色。深灰色的地板，可使车内有一种洁净舒适的感受；红色的地板，给人以兴奋的感受。在选择装饰材料的颜色时，还应考虑侧围、顶棚和座椅等的颜色，使整个内饰的色泽达到统一、和谐，给人以明亮、舒适的感受。

二、铺装汽车地毯

在原车地板的表层，选装适用的汽车地毯（图3-41），这也是汽车地板装饰的最简便而有效的方法，还可增强地板层的防噪声效果。目前所有生产厂和零配件市场的地毯都是成型的地毯，其形状与汽车地板形状相匹配。

图 3-41 汽车地毯

1. 拆除旧地毯

大多数车辆的地毯很好拆除,从车门框上拆下防磨板,拉出地毯即可。但也有的车辆须拆下座椅、安全带和松开脚踏板后才能拆下。拆除时应当注意,不管地毯与何处相连都不要硬拽,应先拆下连接件,然后想办法拆下旧地毯,视具体情况而定。

2. 加衬垫

一般车用地毯下面都有衬垫,生产厂和零配件市场的成型地毯背面自带衬垫。对于不带衬垫的地毯必须另行制作衬垫,然后把它粘到地板上。地板的衬垫主要有三种:黄麻纤维毡、泡沫塑料和再生材料产品。再生材料是环保型产品;13mm厚的泡沫塑料板也很好用,它能形成双向曲面而不会出现折痕;黄麻纤维毡隔离性能好,但价格高。

用泡沫塑料制作地毯衬垫,应首先测量地板横向和纵向的尺寸,然后在每个方向上增加20%的余量,按此结果进行剪裁。剪裁完毕后,把泡沫塑料铺好,剪去多余的部分。粘贴时,只要在泡沫塑料的背面和地板上喷些胶,然后按下并粘贴即可,另一侧,也用同样的方法进行处理。用黄麻纤维毡和再生材料产品制作地板的衬垫,需分三片来做。一片用于曲面的凸起部,两片用在两侧的地板上。

地板表面不平或有较大的深坑时,每一个深坑部分都需单独进行处理。如果感觉衬垫较薄,可在第一层上面再加一层泡沫。把衬垫粘贴到地板上之前要确定已为座椅框架和安全带开好了孔。在把衬垫平整地与地板贴牢后,即可测量、剪裁、调整和缝纫地毯。

3. 地毯的调整与安装

剪裁、调整和安装地毯的工作通常从变速器的隆起部分开始,然后分别向驾驶员一侧和乘客一侧进行。测量变速器隆起处的面积,纵向尺寸从驾驶室前隔板量到后边座椅的底部,横向尺寸从一侧量到另一侧,并在测量结果上加上153mm。测量驾驶员和乘客侧的地板面积时,前后距离也是前到隔板,后到座椅底部。大多数车辆的座椅不能完全遮住其到车门之间的地板,所以此处地毯要一直铺到座椅的后面,也可以另用一小块地毯铺到此处。

从地毯卷上剪下三块面料,一定要保证地毯的绒毛倒向一致。为了便于记住绒毛的方向,在面料的顶边或是面向仪表板的一边画上一条线。这样只要线对齐了,三块地毯上的绒毛方向就一致了。首先,将一块地毯放在变速杆的前方,留出足够盖在驾驶室前隔板的余量,使地毯位于中央位置。地毯盖过隆起后,分别在驾驶员和乘客侧各留有76mm的余量。然后,把紧靠变速杆前方的地毯对折,用刀片剪开一个开口,大小能使变速杆手柄刚好通过。

把地毯套过变速杆后,在原来开口的基础上切出放射形开口,使其能套过变速杆的护套。最后剪掉多余的地毯,并把毛边压到护套的下方。如果装饰的汽车有中央控制台,对于这样的车辆也要从中间的隆起部位开始,做完一侧再做另一侧。地毯一定要留出适当的宽毛边,以使控制台的装饰边能够盖住它。

三、脚垫的装饰

中高档轿车上都铺有地毯,一旦有脏物,污垢便留在上面,难以清理。选择一种防水、易擦洗的脚垫会十分方便。

1. 汽车脚垫的作用

如图3-42所示,汽车脚垫能吸水、吸尘、去污,可以有效防止鞋底残留的水分、脏物造成与离合器、制动器和油门踏板间的滑动,消除安全隐患,降低内饰被污染和损坏的可能性,毕竟清洗脚垫比清洗内饰更方便、更经济。

图 3-42 汽车脚垫

2. 汽车脚垫的材质

目前市场中汽车脚垫的材质大致可以分为以下七大类,下面介绍这几类材质的优缺点,方便选择。

(1) 亚麻脚垫（图3-43）

① 优点：价格便宜。

② 缺点：清洗后容易起毛，而且清洗几次之后会变形，导致脚踩上去脚垫表面深陷下去，影响舒适性。为避免滑动建议经常更换。

(2) 化纤脚垫（图3-44）

① 优点：汽车厂唯一选用原装配套材质脚垫，有良好的耐蚀、耐腐蚀性能，是环保产品，选料讲究，美观高档；能将吸水、吸尘、去污、隔声、保护主机毯等功能发挥到极致。

② 缺点：价格高。

图3-43 亚麻脚垫

图3-44 化纤脚垫

(3) 橡胶脚垫（图3-45）

① 优点：橡胶脚垫与塑料脚垫一样，清洗都很方便。橡胶脚垫在温度变化比较大的情况下不那么容易变形，冬季和夏季使用都适宜。

② 缺点：味道较重。

(4) 呢绒脚垫（图3-46）

① 优点：有绒质和纯羊毛两种。手工产品，价格一般较高。

② 缺点：不容易打理。

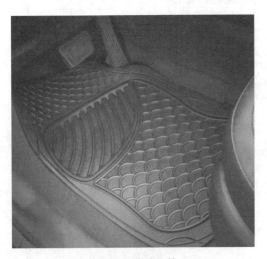

图3-45 橡胶脚垫

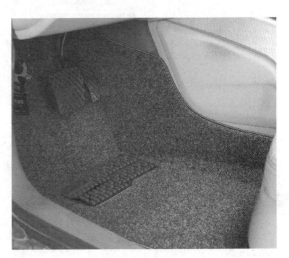

图3-46 呢绒脚垫

（5）PVC脚垫（图3-47）

① 优点：容易清洗。

② 缺点：冬季容易变硬，会滑动，部分产品原材料质量不可控，味道重。有种喷丝脚垫也是PVC材质，杂物、灰尘进入后非常不容易清理，并且价格高。

（6）皮革脚垫（图3-48） 皮革脚垫又叫超纤维皮革全包围脚垫，这种材质由天然蛋白质纤维在三维空间紧密编织构成，其表面有一种特殊的粒面层，具有自然的粒纹和光泽。

① 优点：舒适柔软、高端大气、防滑耐磨，是一种性价比比较高的脚垫。

② 缺点：容易被泥水弄脏，不易清洗。

图3-47 PVC脚垫

图3-48 皮革脚垫

（7）丝圈脚垫（图3-49）

① 优点：吸污能力强、容易清洗、适合一年四季使用。丝圈脚垫的丝条结构，能将灰尘和脏物有效控制在脚垫内部，因此丝圈脚垫的吸污能力很强。而且丝圈脚垫不容易出现打滑的问题，把丝圈脚垫铺在车内会给人一种高档的感觉。

② 缺点：覆盖面偏小。

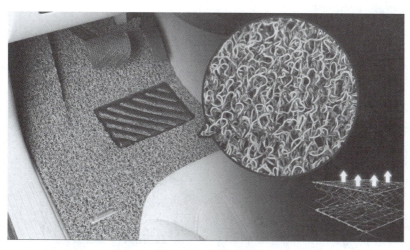

图3-49 丝圈脚垫

3. 汽车脚垫的价格

目前市场上亚麻质地汽车脚垫价格最便宜，一般为30～40元。比亚麻质地脚垫价格稍高的是塑料材质脚垫，这种脚垫的价格一般为50～100元。橡胶脚垫售价一般在120～200元之间。全包围脚垫价格是最贵的，从几百元到几千元价格不等。

第五节 汽车香水装饰

汽车现在已经成为很多人必不可少的"伙伴"，更有人把汽车当成了自己的"家"。家的味道一定要香气宜人，家的感觉一定要温馨舒适。于是，汽车的内部装饰就成为"有车族"日益关注的对象。

由于车内通风条件较差，霉味、烟味及橡胶、皮革等材料的气味难以散发，为使车内空气清新，营造温馨、舒适的车内环境，汽车用香水应运而生。

一、汽车用香水

1. 汽车用香水的功能

（1）净化车内空气　汽车用香水能清除车内异味，杀灭细菌，从而使车内空气得到净化，保持空气清新。

（2）营造温馨环境　汽车用香水怡人的芳香，营造了温馨、舒适的车内环境，增添了车内浪漫的气氛。车内一种好的香水配置，就像是一首优美的抒情诗、一段迷人的曲子、一杯浓郁的香茗。

（3）利于行车安全　汽车用香水使车内空气清新，具有清醒头脑、抗抑郁和使人镇定等功效，从而减少行车事故的发生。

（4）兼作车内饰品　汽车用香水的容器造型各异，绚丽多彩，可与车内饰品相媲美，让人赏心悦目，具有独特的装饰效果。

2. 汽车用香水的种类

汽车用香水按形态可分为气雾型、液体型和固体型三种。

（1）气雾型汽车用香水　气雾型汽车用香水（图3-50）也称空气清新剂，主要由香精、

图3-50　气雾型汽车用香水

挥发性溶剂和气雾剂组成,可分为干雾型和湿雾型等多个品种。这种香水里还含有除菌消臭剂,可以覆盖车内某些特殊异味,如后备厢味、烟草味、鱼腥味和小动物体味等。

(2)液体型汽车用香水　如图3-51所示,液体型汽车用香水也称车用香水,是汽车用香水中比较常见的品种,使用也比较广泛。它由香精和挥发性溶剂混合而成,多用具有艺术造型的容器盛放,不仅有使用功能,而且还有装饰功能(图3-52)。

图 3-51　液体型汽车用香水

(3)固体型汽车用香水　固体型汽车用香水主要是将香精与一些材料(如UV硬化树脂)混合,然后加压成各种造型,也有将其制成香珠,存放在香珠盒内并垂挂在空调出风口处(图3-53),香气便会随风慢慢散发。另外,一种除烟味香沙(图3-54)能分解吸烟时发出的臭气而不会影响香烟的原有味道,共有5种味道可供选择,既能保证吸烟者的享受,又能为非吸烟者带来和谐的环境。

图 3-52　装饰型的车载香水　　　　　图 3-53　空调出风口的香珠

此外,也有一些利用芳香材料制成的车内用品,如车载香水挂件(图3-55)、香味织物制成的香花、用香味陶瓷制成的艺术台笔等。还有一种能去除烟味、异味及臭味的特种香精,用它制成的空气清新剂喷洒在空气中,能吸附、包裹飘散在空气中的烟味、异味或臭味气体微粒,形成相对较大的颗粒后落下,从而净化空气,并留下茉莉的芬芳,使环境变得清新、舒适、宜人。

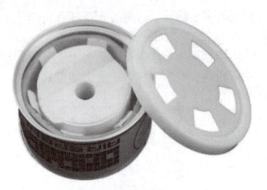

图 3-54　除烟味香沙

图 3-55　车载香水挂件

3. 汽车用香水的香型与颜色的关系

一般汽车用香水的香型与颜色是相互关联的，如黄色为柠檬香，草绿色为青苹果香（图 3-56），粉红色为草莓香，嫩绿色为松木香，紫色为葡萄香（图 3-57），乳白色为茉莉香，淡蓝色或淡绿色为薄荷香，橘红色为樱桃香。

图 3-56　青苹果香车载香水

图 3-57　紫色的葡萄香香水挂件

4. 汽车用香水的调制

（1）汽车用香水的主要成分　汽车用香水的主要成分是香精，选用一定的辅助材料，如溶剂、喷射剂、挥发性溶剂和固体材料等，按一定的比例和适当的方法调制而成。香精是根据汽车用香水应具备使人愉悦、净化空气、杀菌等性能，利用化学合成或天然香料，经反复实验调配而成的。化学合成的香精气味非常浓烈，常常有盖住车内异味的作用；天然香料是一种理想的香水原料，如薄荷、樟脑、檀木等，香气宜人，但价格一般较昂贵。香精可使汽车用香水散发出各种奇妙的香气。

（2）汽车用香水的使用功能　调制的香水必须具有一定的使用功能，应使人感到清新、愉快，还应对空气起到净化、杀菌及除异味等作用，达到对人体无害、对环境无污染等要求。在香水中往往还配有一种叫酵素的化学原料，它能使香气缓慢释放，并具有氧化作用，可分解臭气和杀菌，使香水中释放出来的香气具有抗异味、清脑、镇定等功效。

二、汽车用香水的选购与使用

1. 汽车用香水的选用

（1）根据季节和气候选用　在寒冷的冬季，车内开空调时可选用挥发性强的香水，以便有效地去除空调引起的车内异味及其他异味，达到清新车内空气的目的；在夏季最好选用中性、味道较淡的香水，不要选择味道过于香甜的，容易让人产生困意，影响行车安全。

（2）按个人需求选用　驾驶人行车时，需要保持一定的平衡心态，车内的环境需保持温馨、宁静。所以，可选择清甜的鲜花香气、清凉的药草香气、怡人的琥珀香气等香型的香水。

（3）根据性别选用　如果驾车者是女性，乘车者也是女性，一般选用各种清甜的水果香或淡雅的花香型香水。近年来动物造型的汽车用香水（图3-58），因造型活泼可爱、优雅风趣，很受成熟女性的喜爱。若驾车者和乘车者均是男性，选择汽车用香水时，以古朴为准，并与车内饰物浑然一体，如淡雅的古龙香、琉璃香、龙涎香等汽车用香水，比较受欢迎。在外观上，木纹、皮革等式样也比较合适。那种包装过于夸张、过于艳丽的汽车用香水，往往使人感到不舒适，一般不受欢迎。

（4）按情趣的需求选用　有的驾驶人或乘车者习惯吸烟，不妨选用有浓郁药草香、新鲜绿茶香（图3-59）、甜润苹果香等香味的汽车用香水，可以有效地去除烟草中的刺激性气味。最好不要选用气雾型汽车用香水，因为气雾型汽车用香水易着火。如果喜欢开快车，最好选用凝胶型固体汽车用香水。

（5）根据车辆状况选用　如大型货车与高级轿车，车辆状况和车内装饰差异会很大，所以在选择汽车用香水时，还要考虑与车内装饰协调，讲究整体和谐。

总之，以上这些原则，均是为了达到使用汽车用香水的最终完美效果。

图 3-58　动物造型的汽车用香水

图 3-59　新鲜绿茶香汽车用香水

2. 汽车用香水使用时的注意事项

（1）认真选购　在选购汽车用香水时，应根据香水的选购原则，选择正规厂家生产的商品。最简单的鉴别方法就是观察产品的外包装。首先，产品必须有中文标志；其次，正规厂家生产的商品的外包装上产品说明、生产许可证号、质量监督部门认证标志以及生产厂家厂址、产品的生产单位和日期、保质期等信息比较齐全；还要察看包装及密封性能的好坏。

千万不能图便宜购买劣质香水，因为劣质香水多数是用化学香料、工业酒精等勾兑而成的，含醛类、苯类成分较高，过多使用会加重车内空气中甲醛和苯等物质超标，而且劣质的香水挥发快，香气浓烈刺鼻，闻多了会有头痛、恶心、呕吐等症状，长时间使用对人体危害极大。

（2）使香水快速见效的经验　为了使汽车用香水快速见效，可将选购的香水放置或喷洒在空调出风口处，利用气流的带动，香水的香味将很快充满车内，清除异味的效果比较好。

如果选用的是液体香水，也可以洒在手绢上，然后挂在空调出风口处，经风一吹，能很快充满室内。

（3）汽车用香水的更换

① 更换方法不当的后果。当一种汽车用香水用完之后，不采取一定的措施，直接更换为另一种汽车用香水时，往往因前后两种不同香水的相互影响，甚至引起化学反应，产生一些有害物质，不但达不到香水应有的效果，甚至适得其反。有时，还可能使驾驶人感到不舒适，严重影响情绪，甚至使人变得暴躁、易怒或抑郁，这些都会影响行车安全。

② 合理的更换方法。当一种汽车用香水用尽，或未用尽而又需更换时，首先更换原有汽车用香水，然后把车窗打开，使车内原来的香水味散尽，才可更换另一种汽车用香水。在更换时间上，最好选择在收车之后，这样可以有充足的时间散尽旧的香水味，在第二天车辆行驶一段时间后再换上另一种汽车用香水，最好不要在用车前或行驶途中更换。

（4）合理摆放　如图3-60所示，车载香水瓶体的摆放位置尤为重要，首先不能挡住驾驶人的视线，其次不能放置在有安全气囊标志的上方。

图3-60　车载香水瓶体的摆放位置

第四章 汽车清洁

汽车清洁是汽车美容的首要环节，同时也是一个重要环节。它既是一项基础性的工作，也是一项经常性的美容作业。汽车在使用过程中，车身表面及内饰会逐渐沉积灰尘和其他污垢，如果不及时清除这些污垢，不仅影响到汽车的美观，还会诱发锈蚀和损伤。因此，汽车清洁对保持车容美观和延长车辆使用寿命有着重要作用。

第一节　汽车清洁剂

清洗汽车时应使用专用的汽车清洁剂，按规定进行配制。现在常用的汽车外部清洁产品具备以下特点：具有超强的渗透清洗能力，能快速清除汽车油漆表面柏油、沥青、尘垢以及新染的漆点等顽固污渍，令车辆光洁如新。

1. 洗车香波类清洗剂

洗车香波也叫汽车香波（或清洁香波、洗车液），市场上的产品一般已形成系列（图4-1）。洗车香波类清洗剂含有表面活性剂，有很强的分解能力，能有效去除车身表面的油污和尘土之类的污物。有的产品含有阳离子表面活性剂成分，能去除车身携带的静电和防止交通膜的形成。洗车香波类清洗剂性质温和，呈中性，不破坏蜡膜，不腐蚀漆面，液体浓缩（使用时按比例加水稀释），泡沫丰富，使用便利而经济。

图4-1　洗车香波

2. 二合一香波类清洁剂

二合一香波类清洁剂含水蜡成分，集洗车与上光于一体，在洗车的同时也为车漆涂上一层薄薄的蜡膜，增加车身亮度。所以有时部分产品也被称为洗车蜡水（图4-2），适用于车身比较干净的汽车，洗车之后直接用毛巾擦干，再用无纺布轻轻抛光。

图 4-2　洗车蜡水

3. 泡沫清洁剂

使用泡沫清洁剂（图4-3）时将其向泡沫清洗机中添加，这样可以大幅度降低洗车成本。泡沫清洗机的高压储液罐中泡沫清洁剂和水的体积配比比例一般为1∶（120～180），具体比例视泡沫清洁剂产品的泡沫率和清洁力而定。添加泡沫清洁剂之后一定要晃动泡沫清洗机1～2min，促使泡沫清洁剂和水充分混合，以防泡沫量不够。

图 4-3　泡沫清洁剂

4. 交通膜清洁剂

汽车经过一段时间的行驶，由于车身静电吸附灰尘，时间久了形成一层坚硬的薄膜（交通膜），使原来艳丽的车身变得暗淡无光。这层交通膜可以用交通膜清洁剂（图4-4）按一定比例稀释后喷到车身上，过一段时间后用高压水冲干净就可以轻松去除。

5. 无水洗车使用的清洗剂

（1）无水亮洁剂　无水亮洁剂（图4-5）是新一代汽车美容养护产品，内含强力渗透剂、悬浮剂、棕榈蜡、表面活性剂等多种成分。车身表面喷上无水亮洁剂后，渗透剂会快速渗透到污渍的下面软化污垢；同时悬浮剂可有效使污渍与车漆产生间隙，在沙土颗粒和车漆之间形成保护层；棕榈蜡会包裹在污渍的周围使污渍与车漆隔离，再利用表面活性剂去除污渍，并增加漆面光洁度。使用无水亮洁剂可实现清洁、打蜡、上光一次完成，同时具有防紫外线、抗静电等多种功能。

（2）玻璃清洁防雾剂　无水洗车用的玻璃清洁防雾剂（图4-6），可做到高效去污、抗静电、防雾、防冻，长期使用可保持玻璃透明度，并防止反光。

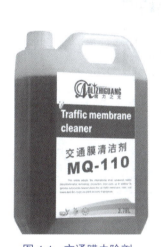
图 4-4　交通膜去除剂

图 4-5　无水亮洁剂

图 4-6　玻璃清洁防雾剂

（3）轮胎增黑光亮剂　如图4-7所示，无水洗车所用的轮胎增黑光亮剂，可以防止轮胎龟裂、延长使用寿命，使轮胎保持黑亮如新。

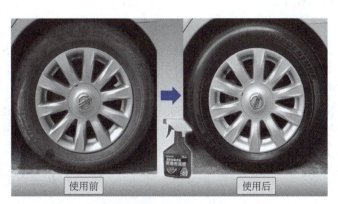

图 4-7　轮胎增黑光亮剂

6. 开蜡水

开蜡水（图4-8）主要用于新车脱蜡或旧车清洗脱蜡，所以又被称为脱蜡水或脱蜡剂。开蜡水有很强的分解能力，同时又能有效地去除去车漆表面的沥青、油污等顽渍。此类用品属柔和型溶剂。

图 4-8 开蜡水

第二节　常用洗车设备及清洁工具

一、常用洗车设备

常用洗车设备主要有高压清洗机、泡沫清洗机、蒸汽洗车机、无接触洗车机、全自动电脑洗车机、空气压缩机、水枪和气枪、洗车发泡枪、无水洗车机等。

1. 高压清洗机

高压清洗机主要用于汽车外表、发动机、底盘和车轮等的清洗，是现代汽车美容的必备工具之一。它以普通的自来水为水源，通过其内部的电动泵再加压，输出的水流压力可以按需要进行调节。压力大时，能将黏附在底盘上的泥土冲洗下来。而冲洗风窗玻璃和钣金部分时，水压可调小一点，以免造成损伤。

高压清洗机分为高压冷水清洗机和高压冷/热水两用清洗机，如图4-9和图4-10所示。前者用于气温较高的南方一带；后者除了提供常温的高压水外，还增加了电加热装置，可调节输出高压水的温度，清洁效果更好，但能耗大，一般仅适于冬季寒冷的地区使用。高压清洗机的种类很多，性能不一，价格差别也较大。高压冷/热水两用清洗机一般由水泵、加热装置和传动机构等组成。配套的部件主要有进水软管和出水软管、各种规格喷枪、刷洗用的毛刷等。

第四章 汽车清洁

图4-9　高压冷水清洗机　　　　　　　图4-10　高压冷/热水两用清洗机

2. 泡沫清洗机

泡沫清洗机为汽车美容清洁用的主要设备之一，有气动和电动两类。它与高压清洗机的不同之处在于其输出的水不但可以增压，而且能加入专用的清洗剂，通过压缩空气（由空气压缩机提供）使清洗剂泡沫化，然后从泡沫喷枪喷出，喷枪能将泡沫状的清洗液均匀地涂覆于车身外表，浓稠的泡沫容易捕集污垢粒子，通过化学反应，起到极佳的除尘和去油污作用。如图4-11所示为气动泡沫清洗机。

泡沫清洗机的主要操作要领如下。

① 打开加水阀和排气阀，加入清水，以水柱标高为准，然后按比例加入清洗剂。

② 关好加水阀和排气阀，然后用快速接头接上空气压缩机，再将工作气压调至245kPa（压力开关顺时针调节为增加压力，逆时针调节为减小压力）。

③ 以上工作准备好后，开动空气压缩机，当压力表压力升至245kPa时，打开喷枪阀开关，即可喷射出泡沫，喷射距离为5～7m。喷射距离可用压力来调节。

3. 蒸汽洗车机

蒸汽洗车机是一种能够产生足够压力和气量的蒸汽以用于清洗汽车的设备，如图4-12所示。

图4-11　气动泡沫清洗机　　　　　　　图4-12　蒸汽洗车机

蒸汽清洗为柔性清洗，利用蒸汽热降解原理，用柔和的蒸汽与附着在汽车表面的污垢结合,并使其软化、膨胀、分离,再用干净抹布将剩余的污垢和少许的水渍去除;蒸汽清洗有助于漆面的保护和缝隙的清洁,并且含水量少,不损伤电路,能够有效清洗汽车发动机、仪表板、空调口等部位;一边用蒸汽冲,一边擦干,一个流程就能顺利清洗完汽车,操作更加简单、快捷。

蒸汽清洗工作效率高,单人10min可清洗一辆汽车,是最有利于汽车车漆保护及环境保护的清洗方式。

4. 无接触洗车机

无接触洗车机是指依靠高压水喷射、多种洗车液配合来完成洗车全过程的一种洗车方式,如图4-13所示。无接触洗车机的优点在于机器结构简单,投资少,单纯洗车比人工洗车机速度快,效率高;缺点是属于半自动产品。无接触洗车机的主要操作步骤是清洗→泡沫→清洗→烘干→人工。洗车时间大体为15min。

现在国内的大部分无接触洗车机一般都只是重点清洗车辆的两侧,对于车头和车尾,基本上都是用高压水冲洗,顺带湿润一下,并不能去掉全部灰尘。当然有些洗车机能够解决这个问题,但是还是需要人工擦拭一下。

图4-13 无接触洗车机

5. 全自动电脑洗车机

全自动电脑洗车机(简称自动洗车机)是一种通过电脑设置相关程序实现自动清洗、打蜡、风干等工作的机器,主要由控制系统、电路、气路、水路和机械结构构成。全自动电脑洗车机技术先进,造型美观,有多种全自动洗车程序可供选择。它通过光电系统检测,经电脑分析计算出各种动作的最佳位置和力度,达到最佳的洗车效果。

全自动电脑洗车机能自动闪避后视镜、旗杆等部位,确保洗车安全;电脑洗车洗净力强、含水量大、不伤车,对车身油漆的磨损程度为手工洗车的30%以下,电脑洗车刷压力均匀、洗车速度及方向稳定。

全自动电脑洗车机分为龙门往复式洗车机和隧道式洗车机两大类。

(1)龙门往复式洗车机 一般国际习惯称为往复式洗车机,如图4-14所示。往复式洗车机的特点是汽车停在固定的位置不动,洗车设备根据车型来回往复运动。能实现自动冲洗底盘、自动喷专用洗车液和水蜡、自动仿形刷洗、自动仿形风干。往复式洗车机占地面积小,投资成本低,但洗车速度较慢,比较适合小型洗车厂或者是洗车量较小的地区使用。

图 4-14　往复式洗车机

（2）隧道式洗车机　优点是洗车速度快，而且可以连续洗车。缺点是对场地要求严格；前期场地施工时，耗资也比较大一些；耗水、耗电也比较多。隧道式洗车机如图4-15所示。

图 4-15　隧道式洗车机

隧道式洗车机的洗车方式是将车驶入输送机定位，由输送机推杆推动车辆的前轮前进，进行冲水、洗车、打蜡、风干等流程。当前一辆车推进离开输送机定位后，第二辆车即可驶入定位，做同上动作。这样连续流水线的洗车方式，能够快速完成冲洗、洗车、打蜡、风干等作业，如图4-16所示。

图 4-16　隧道式洗车机的洗车流程

6. 空气压缩机

空气压缩机是汽车美容护理以及维修的通用设备之一，应用范围很广，如图4-17所示。空气压缩机在汽车美容护理方面主要用于提供充足的达到预定压力值的高压清洁压缩空气，以确保汽车美容护理作业车间所有的气动设备都能有效工作，如高压泡沫机、喷枪、气动打磨机、气动抛光机、钣金件的干燥除尘设备等各种气动工具以及轮胎充气等。

图 4-17　空气压缩机

7. 水枪和气枪

水枪作为高压清洗机的附件与高压清洗机配套使用，是重要的清洗设备，种类较多：有的带快速接头，可进行快速切换；有的带长短接杆，使用更为方便。高级水枪带喷水压力和喷水形状调节装置。在汽车清洗中应用高压水枪，不但可以提高清洗作业的质量，极大地保护漆面，同时也提高了清洗作业的效率。如图4-18所示为常见的水枪。

气枪与空气压缩机配套使用，是重要的清洗、除尘设备，有的气枪带有快速接头，可进行快速切换。气枪通常为外购件，不随空气压缩机附送。如图4-19所示为常见的气枪。

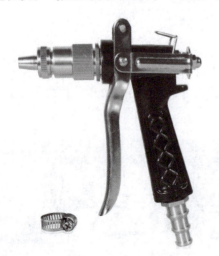 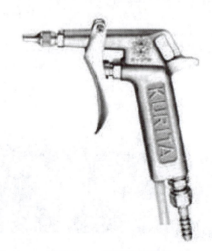

图 4-18　常见的水枪　　　　　　　图 4-19　常见的气枪

8. 洗车发泡枪

洗车发泡枪是专业的低压泡沫洗车工具，通过灵活的组合方式，实现喷洒洗车水蜡和低压软水冲洗车辆，如图4-20所示。其优势在于杜绝高压水柱对汽车漆面造成的损害，节省场地和设备，提高洗车档次和效率。

9. 无水洗车机

无水洗车也叫作微水洗车，主要设备包括一台洗车机及若干塑料软管与喷头，如图4-21所示。

图4-20　洗车发泡枪

图4-21　无水洗车机

二、常用清洁工具

在进行汽车清洗作业时，由于汽车表面各部位的材料质地和形状不同，宜选用合适的清洁工具。常用清洁工具包括专业洗车海绵、毛巾、擦车手套、麂皮、洗车毛刷等。

1. 专业洗车海绵

如图4-22所示，这种海绵柔软、弹性好、吸水性强，清洗汽车时能使沙粒或尘土很容易深藏于海绵的气孔之内，这样可以避免因擦洗工具过硬或不能包容泥沙而给车身表面造成划痕，有利于保护漆面及提高作业效率。使用前，让海绵吸入适量已经配好的洗车液，这样有利于清除车漆上附着力较强的污垢。

2. 毛巾

毛巾（图4-23）是人工清洗和擦拭汽车不可缺少的工具。专业汽车美容场所需准备多块毛巾，包括大毛巾、小毛巾、湿毛巾、半湿毛巾和干毛巾等。大毛巾主要用于车身表面的手工清洗和擦拭；小毛巾主要用于擦洗车身凹槽、门边及内饰部件等处的污垢；湿毛巾、半湿毛巾和干毛巾在清洗、擦拭车窗玻璃时应结合使用。为保证清洗效果，在擦拭过程中不应有细小纤维的脱落，为此普通毛巾和浴巾难以满足要求，一般在洗车中所用的毛巾和浴巾都用无纺布制成。

图 4-22　专业洗车海绵

图 4-23　毛巾

3. 擦车手套

如图4-24所示，擦拭车身时戴在手上便于操作，同时又可利用手套上的绒毛吸纳灰尘，避免划伤漆面。

图 4-24　擦车手套

4. 麂皮

如图4-25所示，麂皮主要用于擦干车身表面。麂皮的质地柔软，有利于漆面的保护，具有良好的吸水能力，尤其是对车身表面及玻璃水膜的清除效果极佳。在洗车作业中，一般先用毛巾或浴巾对车身表面进行吸水擦干后，再用麂皮进一步擦干，以利于延长麂皮的使用寿命。另外，在选用麂皮时，尽可能选择皮质韧性好、耐磨性好、较厚的麂皮。

5. 洗车毛刷

如图4-26所示，洗车毛刷主要用于轮胎、挡泥板等处附着泥土、污垢的清除。由于上述部位泥土附着较厚，一般不易冲洗干净，所以在洗车时要用洗车毛刷有针对性地进行刷洗。

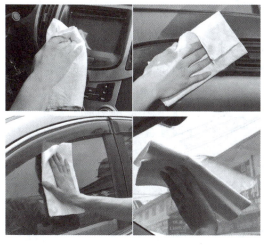

图 4-25　麂皮

图 4-26　洗车毛刷

第三节　汽车外部清洗

通过外部清洗，可以除去汽车表面的泥沙、灰尘及其他一些附属物，使汽车整体保持整洁美观。现在常用的洗车方式有人工洗车、机器洗车、电脑洗车和无水洗车。

一、汽车清洗简介

1. 汽车清洗的概念

汽车清洗是采用专用设备和清洗剂，对汽车车身及其附属部件进行清洁处理，使它保持或再现原有风采的最基本美容工序。

2. 现代美容洗车与传统洗车的区别

（1）目的不同　传统洗车无非是去除汽车表面的泥土、灰尘等，它仅仅洗去了汽车表面上的浮落物，而对黏附在车漆上具有较强氧化性的沥青、树胶、鸟（虫）粪便和嵌入车漆深处的铁粉等是无法去除的。

美容洗车则是在传统洗车的基础上，内涵扩大到清除漆面氧化物和车漆保养的范畴，不仅洗去了汽车表面的浮尘，还用专业技术将黏附在汽车表面上的有害物质除去，就连嵌入车漆深处的铁粉（图4-27）等有害物质也能彻底除去。因此，美容洗车正逐步代替传统洗车。

（2）材料不同 传统洗车是用洗衣粉、肥皂水、洗涤剂洗车。虽然肥皂水、洗衣粉、洗涤剂能分解一些油垢，但会造成车漆氧化、失光，严重时还会腐蚀金属和加速密封胶条的老化。

美容洗车是指用洗车液洗车。专用洗车液呈中性，用非离子表面活性剂制成，能使污渍分解、浮起而轻松被洗掉，其化学成分不会破坏车漆，对车漆还具有保护作用。

（3）技术不同 传统洗车大多由非专业人员操作（图4-28），无法从技术上保证洗车的效果，而美容洗车的员工都经过严格的正规训练，能熟练地借助现代化的设备和高性能的清洗用品来进行洗车作业，在洗车速度和洗车质量上都大大地超过了传统洗车。

（4）对环境影响不同 如图4-28所示，传统洗车作业场所一般不规范，即随时随地就可实施，甚至是"一人、一桶、一抹布"，这样的洗车不但影响了城市形象，而且清洗产生的泥沙及废水还会造成城市的环境污染，也造成了水资源的浪费。专业美容洗车的作业场所固定，配套设备齐全，将洗车水经过多次沉淀、过滤、消毒和软化处理后反复利用，不仅节约了宝贵的水资源，保护了环境，而且保证了洗车的质量。

图4-27 美容洗车可以除去车漆深处的铁粉

图4-28 传统洗车

二、汽车外部清洗的作用

汽车外部清洗是指采用净水和清洗剂，通过专用设备和工具，对汽车车身进行的清洁处理，其作用如下。

1. 保持汽车外观整洁

汽车在行驶中经常置身于飞扬的尘土中，雨雪天气有时还要在泥泞道路上行驶，车身外表难免被泥土沾污，影响汽车的外观整洁。为使汽车外观保持清洁亮丽，必须经常对汽车进行清洗。

2. 清除大气污染的侵害

大气中有多种能对车身表面产生危害的污染物，尤其是酸雨的危害性最大，它附着于车身表面会使漆面形成有色斑点，如不及时清洗还会造成漆层老化。轻微的酸雨可用专用去酸雨材料清除，严重的酸雨需使用专业的设备和清洗剂才能彻底清除。为此，车主应定期将汽车送到专业汽车美容店进行清洗。

3. 清除车身表面顽渍

如图4-29所示，车身表面如黏附树胶、鸟粪、虫尸、焦油、沥青等顽渍，若不及时清除就会腐蚀漆层，给护理增加难度。为此，车主要经常检查车身表面，一旦发现具有腐蚀性的顽渍应尽快清除；如已腐蚀漆层，必须到专业汽车美容店进行处理。

图 4-29　车身表面顽渍

三、汽车外部清洗时机

1. 依天气来判断

（1）连续晴天　首先用除尘掸子清除车身的灰尘，再用湿毛巾或湿布擦拭前后挡风玻璃及车窗与两旁的后视镜。一般先清洁车顶，再清洁前后风窗玻璃、左右车窗、车门，最后清洁发动机盖及后备厢盖。如果一直为此种天气，大约一周做一次全车清洗工作即可。

（2）连续雨天　只要用清水喷洒全车，便可使车上的污物掉落。因为还会再下雨，接下来可用湿布或湿毛巾擦拭全车所有的玻璃。但当放晴之后，应进行全车清洗。

（3）忽晴忽雨　如果遇到此种气候时，就应经常清洗车身，虽然很累人，但为求车身清洁也是不得已。

2. 按行驶的路况来判断

（1）行驶在工地或行经工地　一般车辆都会沾上地面污泥，尤其是行经工地时，地上的水泥容易溅起。车辆被溅时应立即使用大量清水清洗，以免附着久了伤及车漆。

（2）行驶在海岸有露水或有雾区　如驱车在海边垂钓过夜，因海水盐分大且又有露水，雾气湿重，倘若回来没有用清水彻底清洗，则易使车身钣金遭受腐蚀。

（3）行驶在山区有露水或有雾区　在此种情况下，只要停车后使用湿毛巾或湿布擦拭车身即可。

3. 根据污垢种类确定

（1）沥青或焦油　若车身表面附有沥青或焦油（图4-30），无论是对深色漆面还是浅色漆面的车辆，其视觉影响都是很大的，且沥青和焦油都是有机化合物，长时间附着于漆面会出现污斑，特别是丙烯酸面漆的汽车尤为明显。为此，车身表面沾上沥青或焦油必须立即清除。

（2）树胶、鸟粪和虫尸　如图4-31所示，汽车在露天停放，很容易黏附树胶、鸟粪和虫尸等污垢，对此必须及时清除，否则会腐蚀漆层而形成色斑。

图4-30　车身表面粘染沥青

图4-31　鸟粪粘到汽车上

（3）水泥　汽车在建筑工地上行驶时，车身表面容易沾染路面上的水泥粉（图4-32），也必须及时清洗，以免水泥粉沾水后牢固地附着在漆面上难以清除。

四、外部清洗的分类

1. 人工洗车

人工洗车（图4-33）是指全部工序都由人工进行操作，不使用任何机械设备即可完成的简单过程。

图4-32　车身表面沾染的水泥粉

图4-33　人工洗车

2. 机器洗车

机器洗车（图4-34）是指在进行清洁的过程中运用一些专用设备和专用药剂进行的快速清洁方式。小规模的洗车店面大多采用这种模式。

3. 电脑洗车

电脑洗车（图4-35）是指在整个洗车过程中每道工序都采用现代全自动专用设备对汽车进行外表清洁，最后由人工完成角落遗留水分的去除。大型连锁企业或专业汽车美容服务企业多采用这种模式。

图 4-34　机器洗车

图 4-35　电脑洗车

4. 无水洗车

无水洗车（图4-36）是指使用专用的无水药剂针对不是很脏的汽车进行的清洁处理。由于其所用设备特殊性，一般在停车场布置较多。

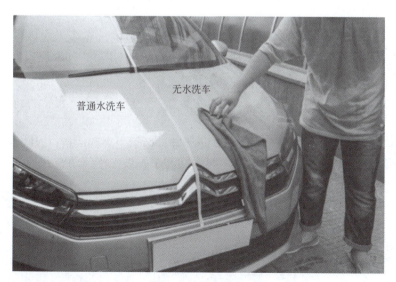

图 4-36　无水洗车

第四节　汽车清洗工艺

一、普通清洗

普通清洗主要是用自来水进行汽车冲洗，洗车前要准备好高压洗车机、刷子、毛巾、海绵及备用水桶等清洗工具，如图4-37所示。人工高压水枪洗车要配合擦洗和刷洗，清除汽车表面的尘土和污垢。人工高压水枪洗车简便易行，成本低，但清洗效果不稳定，质量不易控制。

(a) 水桶　　(b) 毛巾　　(c) 海绵　　(d) 刷子和麂皮

图4-37　人工洗车用品

目前，汽车美容店洗车以高压水洗车为主。通常规范的洗车步骤应该包括准备、冲洗一、泡沫清洗、冲洗二、擦车和质检六个步骤。注意车身擦干后，通常应根据客户要求对汽车进行护理作业。

1. 准备

① 如图4-38所示，人员着洗车服装，穿防滑鞋，摘下手表和戒指，以防刮伤漆面。
② 调试高压清洗机，并准备好毛巾、麂皮、洗车香波、泡沫清洁剂等洗车工具和洗车用品。
③ 操作者引导驾驶人把待清洗的汽车开到洗车的停车位置并停放平稳，拉紧驻车制动器操纵杆，将发动机熄火，关好车窗和车门，车内不要留人。

2. 冲洗一

首先调整高压水枪的压力，然后打开高压水枪开关，用高压水枪从车顶向下将粘在车身表面的泥沙冲洗掉。要按顺序进行，避免有漏掉的部位。如果车身较脏，可以反复冲洗，如图4-39所示。

图4-38　洗车人员着装标准

图4-39　冲洗

冲洗的顺序：从车顶的门缝结合线向另一侧冲水→车侧窗、车身腰线上半部→车前窗→发动机舱盖→车灯及进气格栅→前保险杠→车前弧旋、轮胎→车身腰线下部→车后窗→后备厢盖→车后弧旋、轮胎→后保险杠→车侧窗→车身上半部→车前弧旋、轮胎→车身下部→车后弧旋、轮胎。

> **提示**　轮胎部分要反复多次冲洗才能冲洗干净。

3. 泡沫清洗

将配制好的清洗液涂于车身表面，一般有三种方法。

（1）用泡沫清洗机清洗　用泡沫清洗机将清洗剂与水混合变成泡沫，并在高压下将泡沫喷到车身外表，每个部位都要喷到，浸润几分钟，依靠泡沫的吸附作用，使清洗液充分地渗透于车身表面污垢。

（2）用洗车海绵蘸清洗液清洗　将清洗液与水按说明书规定的比例混合，用洗车海绵蘸上清洗液从前向后有顺序地将车身擦一遍，如图4-40所示。打泡沫的顺序：从车顶开始顺序擦后挡风玻璃→侧窗玻璃→前挡风玻璃→发动机舱盖→车灯及进气格栅→翼子板→车身腰线上部→后备厢盖→车尾灯→后保险杠→车身腰线下部→车前保险杠。

（3）用洗车发泡枪清洗　准备一个20L的空容器，将400～600mL的洗车香波兑约20L水稀释，稀释完毕后将洗车香波倒入发泡枪的罐子里，然后将发泡枪直接接在自来水水管上，按动扳机，就会有大量的高性能泡沫喷到车身上，如图4-41所示。这种方法在洗净车身的同时灰尘和沙土可以被泡沫包裹起来，不会

图4-40　泡沫清洗

对车漆造成划痕。

4. 冲洗二

如图4-42所示，擦洗完毕待泡沫消失后，再用高压水枪将车身表面泡沫及污水冲洗干净。冲洗顺序同冲洗一，但这时应以车顶、上部和中部为重点。

图4-41 用洗车发泡枪清洗

图4-42 用高压水枪冲洗车身

5. 擦车

用专用的吸水毛巾将整个车身表面进行第一遍擦干处理，如图4-43所示。擦好后再用气枪将车身缝隙中的积水吹干净，如图4-44所示。特别注意的部位是门边密封条、门把手钥匙孔、后视镜、油箱盖、尾标、前照灯缝隙、后备厢钥匙孔，避免在车辆行驶中水再次流出，弄脏车身。最后再用干毛巾均匀地将整个车身擦拭一遍，将车漆擦出光亮来。

图4-43 用吸水毛巾进行擦干处理

图4-44 用气枪将车身缝隙中的积水吹净

6. 质检

（1）自检 在验收前，操作者应提前做好准备，按验收标准，自行检查验收一次。看清洗是否有遗漏，是否达到标准要求。外部饰件应无尘土、无污垢、无水痕；玻璃应光亮如新，无划痕。如发现存在问题，应及时补救处理，以便顺利通过验收。自检时，尤其要对发动机边沿及内侧，车门边沿及内侧，车门把手及内侧，油箱盖内侧，车身底部，轮胎及排气管等处重点进行检查。

（2）共同检查　由车主、质检员和操作者三方对汽车清洗效果进行检查验收。

二、电脑洗车设备清洗汽车

1. 电脑洗车设备的特点

电脑洗车设备是利用电脑对毛刷和高压水实施控制来清洗汽车的一种设备，其特点如下。

（1）高效省时　人工简单清洗一辆车通常要花费25min，而电脑控制洗车设备1min左右即可清洗一辆车。

（2）不伤漆面　据测试，电脑洗车50次后车漆磨损小于0.0003mm，而人工洗车磨损大于0.001mm。

（3）耗水量少　电脑洗车设备一般都能对水进行循环利用，通常人工清洗一辆车用水量50L左右，而配备污水循环净化器的电脑洗车设备清洗一辆车仅耗水0.7L左右。

2. 电脑洗车设备的结构类型

电脑洗车设备主要由电脑控制装置、电路、气路、水路、机械结构和控制机构组成，按其工作方式可分为固定式和移动式两种。

所谓固定式，就是洗车机不动，汽车缓慢通过洗车机的工作区域，洗车机按照相应的指令程序清洗汽车的工作方式，如隧道式连续汽车清洗机、大（中、小）型通道式汽车清洗机等。

所谓移动式，就是汽车不动，洗车机按照一定的程序在导轨上来回移动，同时执行洗车指令的工作方式，如往复式汽车清洗机、大（中、小）型移动式汽车清洗机等。

3. 隧道式电脑洗车机的结构和功能

在一些发达国家，很早就在推广使用全自动洗车，为了保持街道和城市的清洁，往往在一些主要道路的出入口安装这种设备。隧道式电脑洗车机如图4-45所示。

图4-45　隧道式电脑洗车机

隧道式电脑洗车机各系统的布置如图4-46所示。隧道式电脑洗车机工序如图4-47所示。

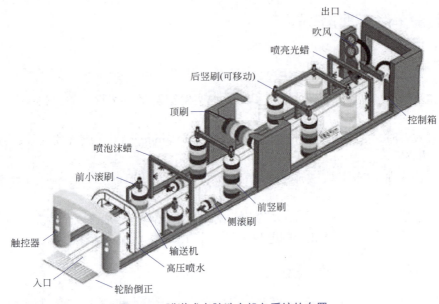

图4-46 隧道式电脑洗车机各系统的布置

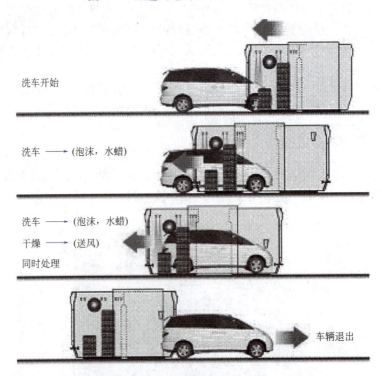

图4-47 隧道式电脑洗车机工序

（1）输送机系统 当汽车开进隧道时，车轮的引导系统可以使汽车停在输送机的停车坪上。

注意：

驾驶员此时要将收音机关闭，电动天线收回；挡位放至空挡，雨刮器放至零位，雨刷至零工位。输送机系统可以使准备清洗的汽车通过隧道完成清洗。输送机系统如图4-48所示。

（2）高压喷水系统　它采用强力电动机和水泵产生高压水，对汽车的外表进行冲洗，将汽车上微小的沙粒和灰尘除去，然后进行刷洗。高压喷水系统如图4-49所示。

图4-48　输送机系统

图4-49　高压喷水系统

（3）一对前小刷　前小刷主要针对汽车下面行驶部位外表面进行刷洗。一般来说汽车下面行驶部位的污垢比上面严重，所以汽车下面要多刷几遍。前小刷如图4-50所示。

图4-50　前小刷

（4）高泡沫喷洒系统　该系统对汽车喷洒泡沫洗车液，以增强清洗去污的能力。

（5）滚刷系统　前侧大滚刷一对、前顶滚刷一个、后顶滚刷一个、轮刷一对和小刷一对组成隧道式洗车机的滚刷系统。

（6）亮光蜡喷洒系统　在滚刷刷洗之后，亮光蜡喷洒系统对汽车车身进行清洗后的护理，使车身漆膜更加鲜艳光亮。

（7）强力吹风系统　由前风机和后风机组成，用清洁的高压空气将车身吹干。

（8）擦干系统　由特殊的绒毛布条组成，将风干后残留的水痕彻底擦拭干净。

（9）操作系统　由控制箱和操作控制台组成。

三、无水洗车

1. 无水洗车的特点

无水洗车（图4-51）是近年兴起的一种新的洗车方式，是采用物理清洗和化学清洗相结合，针对车漆、玻璃、保险杠、轮胎、皮革、丝绒等不同部位、不同材料使用不同的产品进行保养，可以在彻底清洁污垢的同时使汽车得到有效的保养。相比之下，水洗则没有这个优势。无水洗车产品中含有悬浮剂，喷上后会快速渗透，可有效使污垢与车漆产生间隙，在沙土颗粒和车漆之间形成保护层，同时棕榈蜡会包裹在污垢的周围使污垢与车漆隔离，再利用表面活性剂去除污垢，用湿毛巾轻轻一擦就掉了，所以不会划伤车漆。同时产品中含有的多种高分子漆面养护成分、增光乳液、巴西棕榈蜡等可保护车漆、防静电、防紫外线、防雨水侵蚀、防车漆老化，有效地抵挡雨、雪、风、沙等对车体的伤害，并保护车漆镜面光泽不受损坏。

图 4-51　无水洗车

2. 无水洗车的主要内容

（1）车身清洗　先用除尘掸从上到下掸去车身浮面尘土和沙粒，如果车身有过脏的地方，可喷洒少量清水，用布擦拭；然后将无水亮洁剂分段喷在车身上，再用一块海绵沿同一方向进行均匀擦抹，不要来回擦；最后用干的不脱毛毛巾在车身上以螺旋方式进行抛光。

提示　如遇到沥青、鸟粪等污垢，可将车身清洗剂喷在车身污垢处，不要立即用毛巾擦拭，等3～5min，待清洗剂浸透后再擦拭，这样效果更好。

（2）轮胎清洗　先用刷子刷掉轮胎上的尘土，再用轮胎清洗剂对着轮胎喷涂一圈即可，也可以用海绵擦抹。

（3）玻璃清洗　将玻璃清洗剂喷在抹布上，数量不宜太多，然后擦拭汽车玻璃，以起到去污、防雾、防冻等多种作用。

提示　清洗玻璃时如产生糊状物质，主要原因是清洗剂用得太多，可用干毛巾擦洗。

3. 无水洗车的标准流程

（1）网上下单，上门服务　如图4-52所示，可以网上下单，上门服务，也可以到无水洗车店进行洗车。

（2）发动机的清洗（图4-53）　使用专用的毛巾清洁发动机，配用钛瓷膜5号。

图4-52　网上下单，上门服务

图4-53　发动机的清洗

（3）添加雨刮水　如图4-54所示。

（4）清洗轮毂及轮胎　如图4-55所示，使用专用毛巾，配合钛瓷膜4号清洁轮毂，用钛瓷膜5号清洁轮胎。

图4-54　添加雨刮水

图4-55　清洗轮毂及轮胎

（5）使用专用的洁车器和纳米技术清洁产品打蜡（图4-56）　使用钛瓷膜护理机和钛瓷膜护理膏进行车身表面镀膜。将钛瓷膜护理膏涂在车漆表面上，启动钛瓷膜护理机，与漆面大约呈30°角压过钛瓷膜进行镀膜。

（6）上光　如图4-57所示，将钛瓷膜1号喷到毛巾上或直接喷到漆面上进行清洁。

图 4-56　使用专用的洁车器和纳米技术清洁产品打蜡

图 4-57　上光

（7）脏处去污（图 4-58）　利用钛瓷膜 3 号多功能去污液清理比较难清洗的地方。

（8）清理脚垫　如图 4-59 所示，拿出所有的脚垫并放在防尘布上，使用吸尘器把脏物吸走。将钛瓷膜 3 号喷到脚垫表面，使用专用的刷子和毛巾清理干净后放回原位。

图 4-58　脏处去污

图 4-59　清理脚垫

（9）清理车内　如图 4-60 所示，使用专用仪器把室内的垃圾和颗粒都吸走。

（10）擦拭检查　如图 4-61 所示，使用专用毛巾对整车表面及边缝进行擦拭，查看是否擦拭干净或有漏擦现象。

图 4-60　清理车内

图 4-61　擦拭检查

（11）清理后备厢　如图 4-62 所示，使用气枪把后备厢内的灰尘吹走，使用相应产品及毛巾擦拭。

（12）清理玻璃　如图4-63所示，将钛瓷膜2号喷到玻璃上，使用专用毛巾进行清洁。

图 4-62　清理后备厢

图 4-63　清理玻璃

（13）镀膜及真皮上光后的效果　标准：整体、每个角落、后视镜、门把手下方、车轮是否干净；整体是否光滑（图4-64）。

（14）无水洗车后整体效果展示　如图4-65所示，整个洗车流程完毕以后漆面有非常好的光泽度，洗出来以后像新车一样，光泽持久，防静电及高活性水。

有水洗车只是把车上的灰尘冲干净，洗完以后发出一种很暗的亚光，而无水洗车在清洁的同时也在给车打蜡，洗出来的效果有非常好的光泽度，犹如焕然一新。

图 4-64　镀膜后的效果

图 4-65　无水洗车后整体效果展示

第五节　汽车内部清洁

一、车内清洁的主要项目

汽车在长期的使用过程中，会不可避免地造成泥沙污染、香烟焦油斑、汗渍，以及室内外通风所带来的花粉、粉尘污染，致使车内空气受污染，进而细菌滋生，甚至产生难闻异味，使丝绒发霉、真皮老化，既影响车主身心健康又不利于驾驶心境。因此，为了创造良好的驾乘环境，定期做车内清洁就显得很重要。常见的车内清洁主要项目如下。

① 全车内部吸尘。
② 仪表板和方向盘的清洁。
③ 座椅的清洁。
④ 车身内壁（包括顶棚和地毯）的清洁。
⑤ 地毯和踏脚垫的清洁。
⑥ 车内消毒和喷空气清新剂。

二、车内清洁的主要设备和材料

1. 车内清洁的主要设备

车内清洁的主要设备有真空吸尘机、车用蒸汽机、电热式喷水/吸尘/吸水多功能清洗机、高效多功能洗衣机、桑拿机、光催化剂机、氧吧等。

（1）真空吸尘机　车内经常有大量的灰尘积聚，特别是座椅上和一些角落部位的灰尘很难清除。真空吸尘机，一般采用360°旋转吸口和多级过滤以及简单的过滤层更换，能十分方便地伸进各个角落部位，快速地吸去灰尘。为方便在不同空间中进行工作，常见的接头有正方形、圆形、长方形。真空吸尘机如图4-66所示。

（2）车用蒸汽机　车内饰和地毯等纤维绒布织品容易积聚污垢，使细菌容易繁殖，而除尘机只能除尘，无法清除细菌。车用蒸汽机能在很短的时间产生大量的高温蒸汽，压力可达0.40MPa，温度可达120℃，蒸汽喷射于需要清洁的内饰表面上，起到快速灭菌的作用。车用蒸汽机如图4-67所示。

图 4-66　真空吸尘机

图 4-67　车用蒸汽机

（3）电热式喷水/吸尘/吸水多功能清洗机　电热式喷水/吸尘/吸水多功能清洗机是将电加热热水器与真空吸尘器合二为一，在喷出热水的同时又能吸去水分。现在国产化的电热式喷水/吸尘/吸水多功能清洗机，市场上有多种规格。车用多功能吸尘机如图4-68所示。

（4）高效多功能洗衣机　汽车上的座椅套、头枕套等织物容易弄脏，每隔一段时间就要进行清洗。为了节省车主的时间，汽车美容店应该创造条件，做好全方位的服务工作，在美容的同时，做好织物的清洗工作。汽车美容店的洗衣机必须是集清洗、脱水、烘干和免烫等功能于一体的高效多功能洗衣机。高效多功能洗衣机如图4-69所示。

图4-68　车用多功能吸尘机

图4-69　高效多功能洗衣机

2. 车内清洁的材料

车内设备多，结构复杂，材料又各不相同，因此必须采用不同的清洁方法和用品。车内清洁所需的材料和护理用品比较多，大概分为以下几类。

（1）强力顽渍去除剂　强力顽渍去除剂产品性能特点：配方独特，可用于地毯、家具、乙烯基和丝绒坐垫等物品的清洁；独特的清洁头刷可使很难的清洁工作变得非常容易，去除表面顽渍，可达到很高的清洁度；清洁并恢复地毯和丝绒饰物的原有本色；特别适用于布质、丝绒和尼龙内饰物。强力顽渍去除剂如图4-70所示。强力顽渍去除剂的使用方法：

① 用前先摇匀；
② 在不明亮的地方检查保色性；
③ 距离污渍表面15～25cm处喷射；
④ 让泡沫停留20～30s以浸透污渍；
⑤ 用干净的湿布或海绵在脏处呈圈状反复擦洗；
⑥ 再用湿布和海绵擦干净；
⑦ 待干后，将有污渍的地方用干布擦一下或用吸尘器吸干。

图4-70　强力顽渍去除剂

使用强力顽渍去除剂时应注意：有毒，避免与皮肤、眼睛接触，儿童勿近。

（2）皮革清洁剂　皮革清洁剂的性能特点：清洁所有真皮装饰件，去除表面沾污，并恢复皮革的原有本色；可以增加对皮革制品的保护。皮革清洁剂如图4-71所示。皮革清洗剂的使用方法如下。

用前先摇匀，在皮革表面沾有污物或污渍的部位均匀地喷洒，停留3min后，用干净毛巾反复擦拭至恢复原有的清洁表面，过几分钟，用干净的软布反复擦拭，即可恢复原有光泽。对污垢比较严重的地方，可以重复擦拭数遍。

（3）抗菌泡沫清洗剂　抗菌泡沫清洗剂采用环保型可降解表面活性剂和新型长效无毒抗菌剂制成，不仅具有超强的深层清洁效能，可清除污渍，而且在使用后可长时间抵抗物体表面所黏附的各种病菌，防止病菌的传染，从而更好地保护乘员的健康。抗菌泡沫清洗剂如图4-72所示。

图 4-71　皮革清洁剂　　　　图 4-72　抗菌泡沫清洗剂

　　抗菌泡沫清洗剂不含磷酸盐，不会污染环境，对皮肤无刺激性，泡沫细腻丰富，气味芳香，使用方便安全。

（4）表板蜡　富含仪表专用清洁剂，在清洁的同时其有效成分可在汽车仪表台的表面形成一层光洁亮丽的抗菌保护膜，该膜具有抗静电、抗紫外线、防老化等功能。表板蜡如图4-73所示。表板蜡的使用方法如下。

　　用前先摇匀，直立罐身，距离仪表台表面15～20cm均匀喷射，再用柔软干布擦拭至光亮即可。

（5）万能泡沫清洗剂　万能泡沫清洗剂是一种可生物降解的多功能泡沫型"干洗剂"，适用于任何可清洁的物体表面，具有超强的渗透清洁能力，作用迅速，去污力强，气味芬芳，泡沫丰富，使用安全。万能泡沫清洗剂如图4-74所示。万能泡沫清洗剂的使用方法如下。

① 用前先摇匀，距离10～20cm直接喷射于待清洁的物品表面。

② 停留20～30s后，用软布抹去即可。

③ 对于一般纤维材料的清洁，均匀喷上后，停留20～30s，在泡沫未干前用吸尘器吸去；对于污渍严重的部位，喷上后使用软刷在污渍上擦拭，再用吸尘器吸去。必要时可以进行二次处理。

④ 对于纤维物品的清洁，应首先在不明显的部位喷上少量，测试是否褪色或起斑点，若正常时再使用；均匀喷上后，应停留片刻，让清洁剂泡沫充分渗透，用刷子或湿布在污渍部位充分擦拭后，再用干布抹净。

⑤ 用于玻璃或金属时，应在清洁泡沫干透前擦拭干净，以防出现斑点。

（6）柠檬百丽珠二合一清洁剂　柠檬百丽珠二合一清洁剂富含专用改性硅油和合成乳蜡，专为各类汽车内饰的日常清洁护理而设计；其有效成分在物体表面形成一层光洁亮丽的保护膜，该膜具有抗静电、抗紫外线、防水、防霉等功能，从而有效防止汽车内饰表面漆层老化、褪色，延长使用寿命。如深圳彩虹7CF的Q-care柠檬百丽珠，如图4-75所示。

柠檬百丽珠的使用说明：在使用之前，要除去旧漆的水分、油污及其他一些杂质，以免在使用时影响其效果，将产品摇动约2min的；在距离物体表面15～20cm进行喷射，然后用干净软布或海绵轻轻涂擦抛光。

图 4-73　表板蜡

图 4-74　万能泡沫清洗剂

图 4-75　柠檬百丽珠

三、车内除尘

1. 车内除尘的设备和工具

（1）车内除尘的设备　目前车内除尘的主要设备是多功能吸尘器（图4-76）。

（2）车内除尘的工具

① 静电吸尘刷。车内除尘的工具主要是手工使用的静电吸尘刷。使用静电吸尘刷可以将室内肉眼无法看见的粉尘或漂浮物进行吸附，防止室内粉尘超标。静电吸尘刷如图4-77所示。

图 4-76　多功能吸尘器

图 4-77　静电吸尘刷

② 除尘手擦套。除尘手擦套一般采用100%的高级羊毛、羊皮制作而成，表面羊毛细腻，去污力强，它能去除汽车内部的灰尘、污渍、油污等。除尘手擦套如图4-78所示。

图 4-78　除尘手擦套

2. 车内除尘的步骤

① 取出车内的脚垫、地毯和各种杂物，依次规整地进行放置。

② 如果脚垫为纤维织物，则抖去尘粒，用高效多功能洗衣机进行清洗、烘干。如果脚垫是塑料制品，则可以直接使用高压清洗机进行冲洗，然后使用毛巾擦干。

③ 将车上的烟灰缸进行清理，高级车型烟灰缸的数量为5个，中控台1个，4个门上各一个。将烟灰缸取出，倒掉杂物或者用吸尘器吸干净。

④ 用真空吸尘机自上而下吸去顶棚内衬、头枕、椅背、坐垫和地板的灰尘。

⑤ 地板的吸尘工作要分两次操作，首先采用方接头将车内的沙粒吸走；然后更换带刷子的吸头，针对纤维材料的内饰边刷边吸，主要吸掉灰尘。要特别注意地板拐角部位的尘垢，必要时应反复吸除至干净。

四、仪表板和方向盘的清洁及注意事项

1. 仪表板的清洁

仪表板是汽车附属功能控制、使用的控制面板，形状复杂，开关、仪表数量多，有些仪表板为了与汽车造型相适应，其外形更加复杂，最容易藏污纳垢。如覆盖有人造皮革或真皮的仪表台，由于皮革表面纹路多或附有毛孔，长期操作使用和触碰按钮，容易附着污物或滋生病菌，应认真清洁。仪表板的清洁方法如下。

① 首先用半干毛巾将仪表板擦拭一遍（图4-79），检视是否有积垢过多的地方。

② 如图4-80所示，在积垢过多或有油渍的部位如用毛巾无法清除时，可先喷洒万能泡沫清洗剂或表板蜡进行擦拭，用软毛刷刷除，然后喷洒皮革清洁剂，再用干净的干毛巾擦拭，最后用麂皮吸去其上的水分。

③ 在清洁仪表板上的塑料装饰件时，如用毛巾无法清除，可先喷洒万能泡沫清洗剂或表板蜡进行擦拭，用软毛刷刷除，然后喷洒塑料保护剂，再用干净的干毛巾擦拭，最后用麂皮吸去其上的水分。

图 4-79　仪表板的清洁

图 4-80　喷洒万能泡沫清洗剂清洗

④ 仪表板上的电镀装饰件，用无纺布蘸少许镀铬保护剂进行擦拭，擦至恢复光亮即可。3M 镀铬保护剂如图 4-81 所示。

2. 方向盘的清洁

方向盘多为工程塑料制造，容易积聚各种污垢，由于驾驶员在驾驶的过程中，手时刻都与方向盘接触，所以手上的汗渍沾到方向盘上也比较多，应用塑料清洁剂清洁。方向盘外套的材料多为橡塑件或纤维织物，可以拆卸下来用橡胶或塑料清洗剂清洗，再用清水冲，最后喷涂橡胶保护剂和光亮剂。塑料清洁剂如图 4-82 所示。

图 4-81　3M 镀铬保护剂

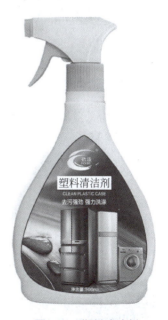

图 4-82　塑料清洁剂

3. 清洁仪表板和方向盘时的注意事项

① 清洁仪表板和方向盘时，使用的清洁剂不能喷到方向盘、座椅支撑处和仪表盘之外。也就是说不要与金属制品表面接触，以防腐蚀汽车上的金属。

② 由于清洁用的清洁剂为易燃物，不可置于易燃处，使用时严禁烟火。

五、车顶棚和内饰板的清洁

1. 车顶棚和内饰板清洁的必要性

由于汽车车厢是一个密闭的空间,因此空气污染情况比一般的室外要严重。车内的顶棚、内饰板等多为皮料、橡胶、纤维织物,长期使用后极易藏污纳垢,通过空调进风口,大量的灰尘、细菌、病原体等附着于车顶棚和内饰板,同时人体的汗渍、烟味,甚至小孩子沾有食物残渣的手印,都会留在车顶棚和内饰板上,严重影响汽车内部的美观性、整洁性。据相关数据显示,汽车内部菌群严重超标的部位一般都在车顶棚和内饰板上,从健康的角度来看,对车顶棚和内饰板进行清洁(图4-83)很有必要。

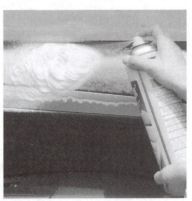

图4-83　车顶棚和内饰板清洁

2. 车顶棚和内饰板清洁的清洁剂、设备和工具

目前常见的车顶棚和内饰板清洁的清洁剂有丝绒清洗剂(图4-84)、皮革清洁剂、仪表板清洁剂(图4-85)、全能泡沫清洗剂、丝绒保护剂(图4-86)和光亮剂。

图4-84　丝绒清洗剂　　　　图4-85　仪表板清洁剂　　　　图4-86　丝绒保护剂

3. 清洁方法

（1）车顶棚的清洁方法　车顶棚内衬多为人造革或化纤混纺材料制作。因绒布具有吸附性，车顶棚的主要污染物是它吸附的烟雾、粉尘及头部油脂。车顶棚清洗有机器清洗法和手工清洗法两种。

① 机器清洗法。如图4-87所示，一般以吸尘器配合专用吸头，由前到后进行大面积的吸尘处理。若污物黏附很牢，可用专用清洁剂清洗。具体方法如下。

a.用干净的毛巾包裹小清洗头，并打开蒸汽开关，出气量调整至适中。

b.用蒸汽清洗机的小清洗头边扒边吸，进一步清洁绒毛。

c.对于绒毛上的大面积顽迹，可先喷覆丝绒清洗剂，而后用蒸汽清洗机将高温蒸汽清洗液喷覆在待清洁的绒毛顽迹上。

图4-87　机器清洗法

d.再配合毛刷刷洗绒毛上的顽迹，即可收到良好的清洁护理效果。

② 手工清洗法。

a.用软布将绒毛上的尘土和污物揩干净。

b.喷上丝绒清洁剂，片刻之后，用一块洁净的纯棉布将污液吸出。

c.再从污迹边缘向中心擦拭，污垢严重时可多次重复操作。

d.污垢清除干净后，用另一块干净的棉布顺着车顶棚的绒毛方向抹平，使其恢复原样。

（2）内饰板的清洁方法　内饰板多由人造革、真皮或塑料制作，其清洁方法如下。

① 内饰板由人造革或真皮制作时，在污渍较少的部位使用皮革清洗剂进行清洁（图4-88）。使用前先摇匀皮革清洗剂，距离10～20cm直接喷射于待清洁的物品表面。停留30～60s后，待污渍充分溶解之后，再用软布抹去。

② 内饰板由塑料制作时，使用万能泡沫清洁剂进行清洁，距离10～20cm直接喷射于待清洁的物品表面，停留30～60s，在泡沫未干前用软布抹去；对于污渍严重的部位，喷上万能泡沫清洁剂后使用软刷在污渍上擦拭，再用软布抹去。必要时可以进行二次处理。

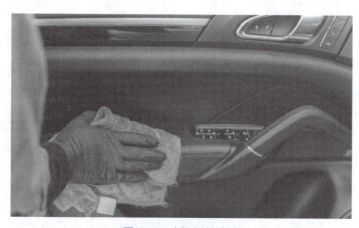

图4-88　内饰板的清洁

六、座椅的清洁

座椅的使用频率极高，沾有人体汗渍和细菌，是车内清洁的重点。座椅的面料有丝绒、人造革或真皮，不同的面料要使用不同方法。同时应该注意，织物和皮革的颜色是通过吸收染料而形成的，有机染料会与某些清洁剂发生化学反应，而出现褪色现象，当首次使用清洁剂时，应先在座椅面料不显眼的地方进行试用。

1. 座椅清洁的设备和工具

使用的主要设备和工具是电热式多功能清洗机、蒸汽清洗机、拭布和毛巾。

2. 座椅清洁的清洁剂

座椅清洁的清洁剂有皮革清洁剂、丝绒清洁剂、全能泡沫清洗剂、保护剂和光亮剂。这类清洁剂的特点是可以用于干洗，保护车内的座椅、沙发等用皮革和乙烯材料制作的饰品，恢复其表面光泽；可以防止因恶劣的环境而提前老化。

3. 丝绒面料的清洁

丝绒面料的特点是柔顺、色泽丰富以及乘坐舒适，但容易吸附烟尘和汗渍。绒毛座椅的清洗分为手工清洗与机器清洗两种方法。

（1）手工清洗法　手工清洗法是目前内饰件清洗的主要方法。如图4-89所示，将丝绒清洁剂喷到污物、油脂处，稍停数分钟，用纯棉质毛巾用力压在脏污处，挤出溶有油污和污物的液体。用干布擦干净清洗部位。还可用小刷子配合清洗。丝绒清洁剂又称多功能清洁柔顺剂，具有清洁、柔顺和着色三种功能，因此清洁和护理可以一次完成。

图4-89　用纯棉质毛巾擦干清洗部位

图4-90　机器清洗法清洗座椅表面

（2）机器清洗法　机器清洗法是利用机具对清洗部位喷洒清洁剂或清水，先对清洗部位冲洗或冲刷一遍，再用吸尘吸水机抽吸一遍，用干净毛巾擦干，也可用高压空气或热风吹干，从而达到清洁的要求。具体步骤如下。

① 拧开蒸汽清洗机加水口，将丝绒清洁剂装入蒸汽清洗机中，并加水至刻度最高，拧紧加水盖。

② 插上电源，合上预热开关，当压力表指示仪读数为0.30～0.40MPa后可进行作业。

③ 如图4-90所示，用小清洗头清洗座椅表面，边扒边洗，若绒毛较脏，可反复清洗几遍，边扒边用纯棉毛巾擦洗。

④ 用小清洗头边扒边吸靠背上的污物，直至将整个座椅清洗干净。

（3）清洁丝绒面料时的注意事项

① 要求使用的清洁剂不能影响绒毛材料的颜色，座椅面不应该褪色。

② 必须采用专用的清洁剂如丝绒清洁剂进行处理，绝对不能用漂白粉。因为漂白粉对绒毛制品的柔顺性、光亮度和颜色都有很大的影响。

③ 必须对绒毛座椅进行消毒，除去绒毛表面和渗进内部的沾染物及油垢。

④ 要保持或恢复绒毛即纤维性材料本身的柔顺性，座椅面不应该有毛球。

4. 皮层面料的清洁

汽车上使用的材料有两种：一种是化纤；另一种是真皮或人造革。真皮制品最常见的损坏就是老化、龟裂和褪色。它们的清洁护理方法有些不同，对于化纤织物，应选用专用的化纤织物清洗剂，不能使用碱性较强的洗衣粉或清洁剂。

对于人造革座椅，可采用擦拭法清洗。即先用半湿毛巾进行擦拭，擦拭时，应从上往下逐一擦拭，然后用干的清洁毛巾再擦一遍即可。如果局部有油污、印痕未擦掉时，可用毛巾蘸一点仪表板蜡进行擦拭，即可去除。

如图4-91所示，对于真皮座椅，可选用真皮清洁剂擦拭，再用真皮护理剂进行深层护理。皮革表面有许多细纹，这些细纹容易吸附污垢，且很难彻底清除干净。清洁护理时切不可使用洗衣粉，否则不仅清洗不干净，还会影响美观、产生裂纹而影响使用寿命。真皮座椅的清洁护理方法如下。

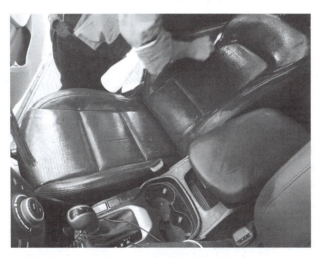

图 4-91 真皮座椅的清洁

① 将真皮表面用软布揩擦干净，除去其上的尘土、水汽。

② 将清洁剂喷覆到真皮座椅表面，稍停1～2min，让清洗剂有效地润湿和分解硬结在表面的油污。

③ 用干净毛巾或软布轻轻擦拭并擦干，直至污垢被全部清除。

④ 待革表面干燥后，将皮革保护剂均匀地喷覆在其表面，浸润1～2min，并用干净毛巾反复擦拭，直至表面光亮如新。若光亮度不够，可多遍喷覆擦拭。真皮上光后要进行必要

的风干或烘干干燥处理。

七、地毯和脚垫的清洁

1. 地毯、脚垫的清洁设备和工具

如图4-92所示,地毯、脚垫的清洁设备和工具有电热式喷水/吸尘/吸水多功能清洗机、蒸汽机和专用脱水机。

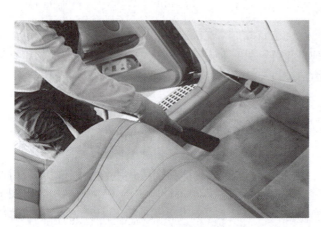

图 4-92 汽车脚垫的清洁

图 4-93 地毯、脚垫的清洁剂

2. 地毯、脚垫的清洁剂

地毯、脚垫的清洁剂(图4-93)有泡沫清洗液或专用地毯清洗液。车内地毯及装饰品清洁剂的产品性能:

① 可去除地毯、丝绒和其他车内饰品上的油泥、污物和灰尘;
② 可防止车内饰品老化;
③ 不含对车内饰品及人体有害的成分。

使用方法:将该产品喷到需清洗的物体表面上,然后用刷子刷理,最后用吸尘器吸干即可。

注意事项:避光保存。

3. 清洁地毯、脚垫时的注意事项

① 地毯、脚垫多由纤维织物制作,取下后用泡沫清洗液或专用地毯清洗液清洗,并用清水冲洗干净,再将它们折叠起来,置于专用脱水机内脱水后放回车内即可。
② 对于不可拆卸的地毯,应用电热式喷水/吸尘/吸水多功能清洗机清洁,或用蒸汽机进行消毒处理,最后喷涂保护剂和光亮剂。

八、车内消毒和空气清新剂

车内经过清洁后,已经焕然一新。复装地毯、脚垫、座椅套和头枕套后,仍有许多看不

见的有害细菌无法彻底清除。在人呼出的气体中,至少存在25种有害物质。例如:二甲胺、酚类、苯类、四氯乙烯以及各种病菌,加上人体排泄出的汗液,鞋、袜、衣服等散发出的气味,人在谈话、咳嗽和打喷嚏时喷射出来的唾沫,都在不同程度上加重了车内空气的污染。常见的消毒方式如下。

1. 车内消毒剂

(1)常态消毒液　常态消毒液主要配合高温蒸汽来进行消毒。同时针对不同的使用对象,备有一组不同尺寸的刷子及喷头,用来清洗座椅、门板、四壁等不同部位。消毒前,先将消毒液按规定的比例稀释后,装入蒸汽机内,接通电源,加热约30min观察温度及压力表,当温度高达130℃左右时,即可利用其形成的高温蒸汽对车室各部件进行逐一消毒。

最后向车室喷洒车室除臭剂。在消毒时应避免接触电气部分。整个过程大约需要1h的时间。一般1～2个月进行一次。

(2)消毒剂　主要是通过采用化学方法进行杀菌消毒,即通过使用一些消毒剂对车内进行喷洒和擦拭,以实现杀菌消毒。常用的消毒液主要有过氧乙酸、来苏水(图4-94)和消毒液(图4-95)三种。

(3)臭氧　臭氧杀菌消毒是采用一个能迅速产生大量臭氧的汽车专用杀菌消毒机进行杀菌消毒的。臭氧是一种具有广泛性的高效快速杀菌剂,它可以杀灭使人和动物致病的多种病菌、病毒及微生物。

(4)光催化技术　光催化技术也是一种清除汽车内室异味、净化内室空气质量的技术,可按产品说明操作。光催化美容用品可高效降解车内空气中的甲醛、苯、甲苯、二甲苯等有害气体,氧化消除各种异味,有效防止汽车内室隐蔽部位的霉菌滋生,保持车内空气清新。光催化剂如图4-96所示。

图4-94　来苏水　　　　　图4-95　消毒液　　　　　图4-96　光催化剂

① 使用前充分摇匀,距离喷涂表面30～40cm处临空喷涂,勿直接对准表面喷涂。
② 在车内大面积喷涂一次,待干后再喷涂一次。单车使用量为2～3揿/m²(夏季),3～5揿/m²(冬季)。

③将车内进行密闭，封闭时间夏季为20～45min，冬季为40～60min。
注意事项：
①勿过量喷洒，以免车内深色内饰发白；
②喷涂过程中如出现白色乳液点，即用湿布擦拭；
③禁用于玻璃、反光镜和皮革制品。
④整个操作过程中要在阳光下进行。

2. 车内空气清新剂

无高温蒸汽杀菌设备时，在车室内喷施空气清新剂（图4-97），也可清除室内的有害细菌。具体方法如下：
①将空气清新剂喷于空调通风口或地毯下面；
②启动发动机，打开空调5min，进行车内异味、杀菌处理；
③然后打开车门让空气自然流通，即可清除异味。

图4-97 空气清新剂

第六节 其他部位清洁

一、发动机舱清洁

汽车行驶时，轮胎溅起的泥水和灰尘不可避免地会进入发动机舱内。发动机工作时，温度非常高，周围会散发出许多油脂蒸气，发动机舱内还装有蓄电池，气化的电解液蒸气也会带有一些酸性的腐蚀物质。泥水与油污的混合物黏附在发动机机体上，会降低发动机的散热能力，影响各种操纵件的工作，同时也会造成金属壳体的锈蚀。因此，发动机舱可以说是汽车上最脏的地方。为了确保发动机的正常运转并为维修人员的检查提供一个良好的工作环境，发动机舱必须保持清洁，及时去除油污和锈蚀。

1. 常用的清洁设备、工具和材料

发动机舱和后备厢清洁的工作量虽然大，但项目较少，不需要进行复杂的拆装，因此所

用的设备、工具和材料也比较简单,主要有以下几种。

(1)常用的清洁设备

① 空气压缩机。

② 高压洗车机。

③ 泡沫清洗机。

(2)常用的清洁工具

① 毛巾。

② 海绵。

③ 毛刷。

(3)常用的清洁材料

① 发动机外部清洗剂。发动机外部清洗剂主要适用于汽油机和柴油机,能有效去除发动机外部及连接部件表面的油污,能使塑料件、橡胶件在高温作业条件下抗老化、抗龟裂等,对发动机有良好的散热和翻新作用。发动机外部清洗剂如图4-98所示。

使用方法:

a. 使用前充分摇匀;

b. 在发动机熄火或冷却状态下,均匀喷洒在发动机上。

c. 约3min后,再对发动机进行擦拭;

d. 最后用水冲洗即可。

② 除锈剂和防锈漆。

a. 除锈剂。该产品含有表面活性剂和磷酸等多种成分,除锈能力强,使用时用喷雾器或者刷子刷,对严重锈迹要保证每个部位接触15min以上,待锈迹除掉后再擦洗干净。它适用于汽车裸露的金属表面,如底盘、发动机等处。除锈剂如图4-99所示。

b. 防锈漆。用于除锈后的发动机缸体等金属裸露表面的清洁,一旦喷上去就会形成光亮的保护漆膜,达到翻新发动机外表并防止生锈的效果。

③ 蓄电池清洁剂和电池接线柱保护剂(图4-100)。

④ 橡胶清洁剂和保护剂。

图4-98 发动机外部清洗剂

图4-99 除锈剂

图4-100 电池接线柱保护剂

2. 清洁前的准备

打开发动机舱盖后，会看到机舱内装有许多电气装置，如分电器、发电机、起动机和调节器等。对于一些防潮性能差的元件，应该用塑料薄膜进行遮盖，有些元件一旦进水后会影响发动机的启动。有些高档轿车，发动机舱内的电气元件防水性能较好，可以不需要进行上述工作。

3. 清洁步骤

（1）高压清洗　如图4-101所示，当发动机冷却后，开始对发动机舱进行清洗，采用高压气体，吹动瓶内清洗剂，在高压气体的作用下进行冲洗，去除较重的泥沙和油污。注意高压气枪不要对着点火模块、随车ECU、起动机、熔丝盒等部位进行冲洗。

（2）泡沫清洗　高压清洗不能去除全部的污垢，应该再进行泡沫清洗（图4-102），强力的泡沫清洗剂能均匀地将污垢吸附到泡沫中，起到很好的去污作用。1～3min后用自来水或高压洗车机冲去泡沫。

图4-101　发动机高压气枪清洗

图4-102　发动机舱泡沫清洗

（3）局部清洗　油污的附着力很强，最有效的方法是使用发动机外部清洗剂，喷涂1～3min后，再用毛刷擦拭，严重的部位还可以反复喷涂和擦拭，发动机舱局部清洗用具如图4-103所示。

（4）顽固油污的去除　如图4-104所示，对于发动机上残留的顽固附着污物，可将去污力较强的化油器清洗剂直接喷涂在污物处，稍等片刻用毛刷或海绵刷洗，用毛巾擦抹干净后再喷涂发动机外部清洁剂，停留2～3min，最后用水冲洗干净。

图4-103　发动机舱局部清洗用具

图4-104　顽固油污的去除

4. 其他部位清洗

（1）清洁空气滤清器　目前汽车空气滤清器普遍采用纸质滤芯，它安装在滤清器壳里，对吸入发动机的空气进行过滤，使用一段时间后会有大量的尘土、沙粒吸附在上面，降低发动机的进气量。因此应定期清洁，如图4-105所示。如图4-106所示，清洁时，将纸质滤芯从滤清器的壳里取出，用压缩空气由内往外吹，直至干净。如果发现滤清器破裂，必须及时更换。

注意：

清洁空气滤清器时不可将其弄湿，更不能用水清洗。

图 4-105　空气滤清器的清洁

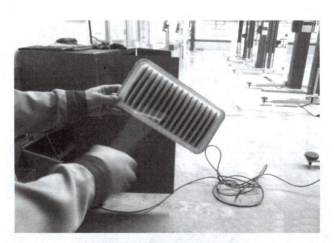

图 4-106　用压缩空气吹纸质滤芯

（2）发动机表面除锈　机件受到锈蚀后，材质便从外到内逐渐疏松和剥离，如不及时清除便会影响机件的寿命。去除锈蚀最好的方法是喷涂除锈剂（图4-107），喷后用毛刷刷洗，彻底除锈后，要充分冲洗干净，吹干后再喷涂一层防锈漆，使机件获得很好的防锈保护层。

图4-107　发动机表面除锈

（3）电气元件的清洁　发动机的电气元件包括继电器、点火线圈等，这些部件需要用专业的电子清洁剂来清洁。如果长期用水和普通的清洁剂处理，则只能加速生锈、老化，进而影响汽车正常启动和行驶。擦干电气部分，然后用电子清洁剂清洁处理电气及电路部分。清洁后不必用水冲洗，只需擦干或任其自然干燥，最后喷涂一遍引擎线路保护剂（图4-108）。

（4）蓄电池的清洗　现代轿车的蓄电池都被紧凑地安装在发动机舱内。如图4-109所示，由于车辆行驶时的颠簸和发动机舱温度的升高，蓄电池电解液常常会从加液盖的通气孔渗出，使蓄电池非常脏，同时还会腐蚀车架的底板和电池的安装支架，因此要定期进行清洗。

图4-108　引擎线路保护剂

图4-109　蓄电池表面污物

清洗前，先松开蓄电池的接线柱头（图4-110），取下蓄电池，然后用泡沫清洗剂清洗，再用毛刷刷洗，比较脏的部位可用专用的蓄电池清洁剂清洗。最后用清水冲洗干净，在底板和支架清洁后，便可进行蓄电池的复装。

复装蓄电池时，接线柱头必须接触良好，任何微小的松动都会影响发动机的启动。拧紧桩头后，可在接线柱头喷涂上一层保护剂（图4-111），能起到保证接触良好和防止氧化的作用。

图4-110　清洗前松开蓄电池的接线柱头

图4-111　在蓄电池接线柱头上喷涂一层保护剂

（5）发动机舱盖上流水槽的清洗　发动机舱盖上流水槽的污垢非常严重，一般可用自来水冲洗和泡沫清洗剂清洗，再用软毛刷擦拭，最后打上一层车蜡或喷涂橡胶保护剂，以防止其老化，延长使用寿命。

清洗过的发动机外部表面易氧化锈蚀，因此先用高压气体将发动机上所有的零部件、轴承孔、铰链及缝隙吹干，再将发动机外部保护剂均匀喷涂在发动机壳上，如图4-112所示。

图4-112　喷涂发动机外部保护剂

二、汽车底盘清洁

汽车底盘通常看不到，由于其部位特殊，车底挡泥板及车身下边缘的弯曲部分泥污、脏物极易堆积，堆积附着物的水分又不容易蒸发，时间稍长不做清理则容易生锈、腐蚀。所以，汽车底盘要进行定期清洁。

1. 底盘清洁的设备、工具和材料

底盘清洁的设备、工具和材料主要有举升机、高压水枪（高压热水冲洗机）、钢丝刷或铲刀和保护剂等。

2. 底盘清洁的主要作业流程

① 将汽车用举升机抬升至工作高度，或者将汽车开到地沟槽平台上。

② 如图4-113所示，用高压水全面冲洗底盘，有可能的话，最好使用高压热水冲洗机冲刷以去掉脏物，只用自来水很难冲洗干净。冲洗时对边缘部分、弯曲部位以及四轮的挡泥板等部位更应仔细冲洗，有时还需配合使用较软的钢丝刷或铲刀来除去顽固残留脏物，但操作要小心，不要损伤保护涂层。

图4-113　汽车底盘清洗

③ 如图4-114所示，使用工作灯仔细检查车身底部和底盘、悬架等处有无生锈。如果生锈或有伤痕，则用砂纸打磨去除浮渣、锈污，然后先后涂上防锈漆和底盘沥青涂料。

图4-114　底盘的检查

④ 有必要的话还可以对汽车底盘部位全面喷涂保护剂。喷涂之前，应先卸下四个车轮，将轮毂、减振器、排气管及转向节等有相对运动的接合表面，以及其他不得喷涂的部分用防涂纸进行覆盖。当必要的防涂遮蔽工作完成后，才能进行喷涂作业。

3. 清洁的注意事项

① 为确保在举升设备下作业的安全，有必要定期对举升设备进行维护保养。两柱举升机的四个防滑支承垫容易破损，必须经常检查。

② 部分车辆的四轮挡泥板处，另外安装塑胶拱罩，必要时应拆下来清洗，并用高压水彻底冲洗挡泥板及翼子板内侧。

③ 排气管因高温不得喷涂底盘涂料，但可以喷涂专用排气管保护剂（图4-115）。

④ 发动机室无底托板或底托板破烂时，必须先遮蔽，然后进行底盘涂料的喷涂作业。

三、轮胎和轮毂清洁

1. 轮胎和轮毂清洁的重要性

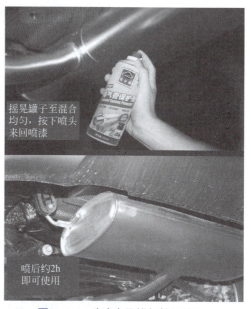

图 4-115　喷涂专用排气管保护剂

汽车依靠轮胎与地面的摩擦力产生驱动力而行驶。由于轮胎与路面的接触，溅起的泥水、尘土、油脂和沥青等使轮胎和轮毂的外表非常脏，同时附在上面的一些酸、碱性物质也会慢慢地产生侵蚀作用，使轮胎过早老化，甚至龟裂。因此经常清洗轮胎和轮毂，保持其外表的清洁和亮丽显得十分必要。轮胎和轮毂的清洁并不难，关键是要去除外表的沥青和恢复光亮。采用的清洁材料如下。

（1）轮胎清洁剂（又称轮胎泡沫光亮剂）　含有独特的活性高分子成分，能在汽车轮胎表面迅速形成一层光亮的保护膜，从而达到汽车轮胎去污、上光、保护一步完成的效果。富含紫外线吸收剂，能彻底保护汽车轮胎不受紫外线辐射的影响，延长轮胎的使用寿命。轮胎清洁剂如图4-116所示。

图 4-116　轮胎清洁剂

图 4-117　轮毂清洁剂

图 4-118　轮胎保护剂

（2）轮毂清洁剂　轮毂清洁剂的性能特点是有效去除轮毂上的油渍和氧化色斑，并清洁上光。轮毂清洁剂呈弱酸性，但对轮毂及轮胎无腐蚀作用。轮毂清洁剂如图4-117所示。

（3）轮胎保护剂（光亮剂） 轮胎保护剂（图4-118）能截断阳光中的紫外线，避免轮胎褪色、老化以及龟裂。轮胎保护剂的使用方法为：

① 使用前充分摇匀；
② 将轮胎清洗擦干；
③ 距离25cm处喷洒在轮胎上；
④ 过2min，待干后轮胎即光亮如新。

2. 轮胎和轮毂的清洁方法

（1）高压清洗 用高压洗车机冲洗轮胎和轮毂外表以及挡泥板内侧的泥沙及尘土，然后用毛巾擦拭（图4-119），去除黏附的浮土。

（2）喷涂轮胎清洁剂 轮胎清洁剂不但对橡胶有极强的去污力，而且不伤轮胎。喷涂1～2min后再用毛巾擦拭。

图4-119 清洁轮胎

（3）清洁轮毂 轮毂清洁剂能强力去除油污和沥青，喷涂后用软毛刷洗刷（图4-120），这样不会损伤金属表面。

图4-120 清洁轮毂

（4）喷涂保护剂 轮胎和轮毂清洁后，用水冲洗干净，再用压缩空气吹干，最后喷涂轮胎保护剂，可使两者的外表焕然一新，并且能保持轮胎的柔软和延缓老化。

3. 轮胎和轮毂清洁的注意事项

轮胎和轮毂清洁时所使用的材料都比较专一，而不能滥用，否则不但清洁效果差，反而会给轮胎和轮毂带来损害。

四、后备厢清洁

后备厢是汽车内部的重要设施，作为内饰美容的一部分在汽车美容中不容忽视。

后备厢是车辆放置大件物品的地方，汽车的备用轮胎及随车工具也放在后备厢中。由于车主的需要，装载的物品复杂，容易产生垃圾，也容易脏污。后备厢内饰多为绒布，里面铺设的材料有胶垫和丝绒地毯，要针对不同材质进行清洁处理。

1. 常用的清洁设备、工具和材料

（1）后备厢清洁设备
① 真空吸尘器。
② 电热式多功能清洗机。
（2）后备厢清洁工具
① 毛刷。
② 麂皮。
③ 静电除尘刷。
（3）后备厢清洁材料
① 丝绒清洁剂。
② 丝绒保护剂。
③ 万能泡沫清洁剂。
④ 空气清新剂。

2. 后备厢清洁步骤

后备厢与车身内部很相似，内饰多为绒布，清洁方法基本相同。
① 先取出后备厢内的备用轮胎、随车工具以及杂物和底板防护垫（图4-121）。

图 4-121　汽车后备厢内备用轮胎及随车工具

② 如图4-122所示，拍去后备厢内部的灰尘，用真空吸尘器吸去内部的灰尘、泥沙和污

垢，然后用电热式多功能清洗机进行清洁。

③ 如果没有电热式多功能清洗机时，可用湿毛巾进行擦拭，主要是去除灰尘，对于局部沾污严重的部位，则用丝绒清洁剂进行清洁。

④ 对后备厢的密封条，可用水进行清洁，污渍比较严重时可用万能泡沫清洗剂进行清洁（图4-123）。用麂皮吸干水分后上车蜡或橡胶保护剂。

⑤ 清洁后，对丝绒内饰可再喷涂一层丝绒保护剂，然后对整个后备厢喷洒消毒剂和空气清新剂。

⑥ 最后复装备用轮胎、随车工具和杂物。

图 4-122 用吸尘器吸尘

图 4-123 后备厢的清洗

第五章 车身漆面美容

汽车日常行驶及停放的绝大多数时间里是处于露天环境中,遭受风吹、日晒及酸雨等的侵蚀,并且沥青、树胶、鸟粪等黏附于汽车漆面上,时间久了不仅使汽车因没有光泽而影响美观,而且还会渗透到车漆中,使漆面粗糙、失光、褪色,出现划痕、异色斑点甚至龟裂。对汽车车身漆面进行美容护理可以最大限度地避免上述原因造成的伤害。

汽车车身漆面美容护理的功用如下。

① 提高车漆的防水、防酸雨、防静电、抗紫外线能力,最大限度地降低外界环境对漆面的侵蚀,提高漆面的抗褪色、抗氧化、防腐蚀能力,保护汽车金属底材。

② 使汽车涂层平整,提高车漆亮度,增加美感,车身漆膜达到艳丽的新车效果,并能长久保持光亮感、深度感和立体感。

第一节 汽车漆面打蜡

汽车蜡的出现至今已有几十年的历史,它由单纯打蜡上光、增加光泽的概念发展到今天的保护性上光,在功能和作用上已发生了质的飞跃。其工艺简单、价格低廉,应用极其广泛。

一、汽车蜡

1. 汽车蜡的作用

漆面打蜡的好处如图5-1所示。汽车蜡的主要成分是聚乙烯乳液或硅酮(聚硅氧烷)类高分子化合物,并含有油脂和其他添加成分。这些物质涂覆在车身表面具有以下作用。

(1)上光作用 上光是车蜡的最基本作用。汽车的车身漆面好似汽车的外衣,一辆车看上去是新是旧,好不好看,很大程度上取决于它的车漆,因此对车漆的护理十分重要。经过打蜡的汽车可以改善漆面的光亮程度,增添亮丽的色彩,但维持时间不长。

(2)隔离作用 汽车属于室外用品,行驶环境复杂,容易受到有害气体、灰尘及酸雨等具有腐蚀性物质的侵蚀。另外,有害气体和灰尘会造成车漆的变色和老化。汽车蜡可在漆面与大气之间形成一层保护层,将车漆与有害物质隔离,起到一种"屏蔽"的作用。

图 5-1　漆面打蜡的好处

汽车蜡可使车身表面的水滴附着减少60%～90%,高档车蜡还可使残留在漆面上的水滴进一步平展,呈扁平状,在很大程度上降低水滴对阳光的聚焦作用,大大降低车身遭受侵蚀的可能性,使车漆得到保护。

(3)研磨抛光作用　当漆面出现浅划痕时,可使用抛光蜡去除。如划痕不很严重,抛光和打蜡作业可一次完成。

(4)防静电作用　汽车在行驶过程中,空气中的尘埃与车身表面相互摩擦产生静电,由于静电的作用,灰尘会附着于车身表面。车蜡可隔断尘埃与车身表面的接触,通过打蜡,不仅可有效地防止车身表面静电的产生,还可大大降低带电尘埃在车身表面的附着。

(5)抗高温作用　汽车蜡可以对来自不同方向的入射光有效地反射,防止入射光使面漆或底色漆老化变色,延长漆面的使用寿命。

(6)防紫外线作用　日光中的紫外线较易折射进入漆面,防紫外线车蜡充分考虑了紫外线的特性,能使其对漆面的侵害在很大程度上降低。

2. 汽车蜡的种类

(1)按物理状态不同分类　汽车蜡可分为固体蜡、液体蜡(膏状蜡)和喷雾蜡三种,如图5-2所示。汽车蜡的黏度越大,光泽就越艳丽、持久性就越强,但去污性越弱,而且打蜡操作越费力。

(a) 固体蜡

(b) 液体蜡

(c) 喷雾蜡

图 5-2　各种状态蜡

（2）按其功能不同分类　汽车蜡可分为上光保护蜡和抛光研磨蜡。

① 上光保护蜡。上光保护蜡不含任何研磨材料，有无色上光蜡和有色上光蜡两种，如图5-3所示。无色上光蜡用于漆面状况极好的车，主要起增光作用，有色上光蜡主要以增色为主。

图5-3　上光保护蜡

② 抛光研磨蜡。用于研磨和抛光还原作业，主要采用研磨剂和其他原料制成，如图5-4所示。其中砂蜡可彻底去除车身表面污垢、顽渍和轻微的划痕，同时能清除其老化、亚色、变色的旧漆层，从而使车身恢复亮丽光彩，光洁如新；抛光蜡适用于清洁深色汽车表面的微痕、漩涡状痕渍、轻度氧化物及水斑，适用于手工抛光或机器抛光。

(a) 砂蜡　　　　　　　　　　　　(b) 抛光蜡

图5-4　抛光研磨蜡

（3）按其作用不同分类　汽车蜡可分为防水蜡（图5-5）、防高温蜡、防静电蜡及防紫外线蜡（图5-6）等多种。

图5-5　防水蜡　　　　　　　　　图5-6　防紫外线蜡

（4）按生产国别不同分类　汽车蜡可分为国产蜡和进口蜡。目前，国产蜡著名品牌如车仆（图5-7）、标榜（图5-8）、好顺、奥吉龙等，基本上都是低档汽车蜡。中高档汽车蜡绝大部分为进口蜡，常见进口蜡多来自美国、英国、日本、荷兰等国家，如美国龟博士系列汽车蜡、美国3M系列汽车蜡（图5-9）、英国尼尔森系列汽车蜡等。

图5-7　国产蜡系列（车仆）

图5-8　国产蜡系列（标榜）

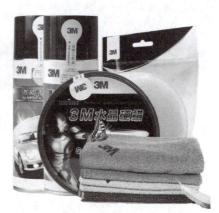

(a) 龟博士　　　　　　　　　　　　(b) 3M

图5-9　进口蜡系列

3. 汽车蜡的选用

正确选择、使用汽车漆面美容蜡是打蜡美容成败的关键。由于各种汽车蜡的性能不同，其产生的作用与效果也不一样。但是许多人对这方面的认识不足，要么频繁打蜡，要么干脆不打蜡。还有人认为，汽车蜡越贵越好，专挑价钱贵的进口汽车蜡使用，这些做法都是不恰当的。在选用汽车蜡时必须慎重，选用不当不仅不能保护车漆，反而会对车身表面产生不良影响，严重的还会令车漆褪色（图5-10）或变色。

（1）汽车蜡选用的依据　选择汽车蜡时应考虑汽车蜡的作用特点、车辆的新旧程度、车漆颜色及行驶环境等因素。选用时一般应注意以下几点。

① 根据汽车的行驶环境选择。由于车辆的行驶环境千差万别，在汽车蜡的选择上对汽车漆面的保护应该有所侧重。如汽车经常行驶在泥泞、山区、尘土等恶劣道路环境中应选用保护作用突出的树脂汽车蜡（图5-11）；沿海地区应选用防盐雾功能较强的汽车蜡；化学工业区应选用防酸雨功能较强的汽车蜡；光照好的地区应选用防紫外线、抗高温性能优良的汽车蜡；多雨地区应选用防水性能优良的汽车蜡。

图 5-10　褪色

图 5-11　树脂汽车蜡

② 根据漆面的质量选择。对于中高档轿车，其漆面质量较好，应选用高档汽车蜡；普通车辆可选用一般汽车蜡。

③ 根据车漆颜色选择。浅色车漆选用银色、白色、珍珠色系列汽车蜡；红色（图5-12）、黑色和深蓝色等颜色的车身应选用深色系列的汽车蜡，以掩盖车身表面的细小划痕，使车身显得更加光滑、漂亮。

④ 根据漆面的新旧程度选择。新车或新喷漆的车辆，应选用上光蜡（图5-13），以保持车身的光泽和颜色；对旧车或漆面有漫射光痕的车辆，可选用研磨蜡对其进行抛光处理后，再用上光蜡上光。

⑤ 根据季节不同选择。夏季一般光照较强，宜选用防高温、防紫外线能力强的汽车蜡。

图 5-12　红色汽车蜡

图 5-13　上光蜡

（2）汽车蜡选购的方法

① 看品牌。选择汽车蜡时，应注意包装上标明的品牌和生产厂家，要选择正规厂家生产的产品或名牌产品。

② 看说明。正规厂家生产的产品或名牌产品都有使用说明书，或在包装上标明产品特性、适用范围、使用方法和注意事项等内容。选购时要仔细阅读这些说明，根据自己的需要进行选择。

③ 看质量。选购汽车蜡时，可用手指蘸一点蜡，在两手指之间轻轻揉搓，如果感觉到有小颗粒状的物质，说明此蜡一定是劣质蜡，打蜡时会造成划痕，切勿购买。

二、护理设备

打蜡机是把汽车蜡打在漆面上，将其抛出光泽的设备。

图 5-14　轨道打蜡机

（1）轨道打蜡机　轨道打蜡机以椭圆形旋转，类似卫星绕地球的旋转轨道，故称轨道打蜡机。轨道打蜡机具有重量轻、做工细、转盘面积大、操作便利等特点。轨道打蜡机型号和样式不一，大致可分为普通轨道打蜡机和离心式轨道打蜡机。轨道打蜡机如图5-14所示。

轨道打蜡机的配套材料主要指打蜡盘的各种盘套。

① 打蜡盘套。它由外层的毛巾套和底层的皮革构成，其中皮革起防渗作用。打蜡盘套的用途是把蜡涂在车体上。打蜡盘套如图5-15所示。

② 抛蜡盘套。全棉、全毛或混纺、海绵均是制作抛蜡盘套的材料，但目前使用的以全棉抛蜡盘套为主，它的作用是将蜡抛出光泽。抛蜡盘套如图5-16所示。

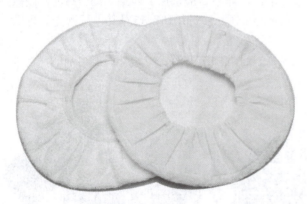

图 5-15　打蜡盘套

图 5-16　抛蜡盘套

（2）普通轨道打蜡机　一般在非专业汽车美容场所使用，主要存在转盘较小、使用材料较差、扶把位置不容易平衡等缺点。

（3）离心式轨道打蜡机　其动作是靠一种离心式的、无规律的轨道旋转来完成的，这种旋转方式模拟人手工操作，但它比手工操作要快得多，因而受到专业汽车美容店的青睐。

注意：

全棉盘套不能反复使用，最好每做完一辆车更换一个新的。即使不更换新的，旧的也一定要洗干净。清洗时要使用柔顺剂，以免晒干后盘套发硬。

三、汽车打蜡操作规范

为了保证汽车的打蜡效果，打蜡的程序也是至关重要的。具体操作步骤如下。

1. 清洗

汽车打蜡前，必须对车辆进行彻底清洗（图5-17），去除污渍，擦干后再上蜡，否则用再好的蜡，打上也没有光泽。对于有残蜡的车表必须用开蜡水进行除蜡处理；如果车漆已经褪色或氧化，必须在清除掉旧的和氧化了的车漆后才能打蜡。

2. 上蜡

上蜡可分手工上蜡和机械上蜡两种。手工上蜡简单易行，可控性强，对于边角、棱角处上蜡抛光更容易，目前各美容店使用较多；机械上蜡的突出优点是效率高。无论是手工上蜡还是机械上蜡，都要保证将蜡在漆面上涂布均匀。

（1）手工上蜡　首先将适量的车蜡涂在专用打蜡海绵上，保证每次处理的面积一定，不可大面积涂抹。打蜡时以拇指和小指夹住海绵，以手掌和其余三个手指按住海绵，以画小圆圈的方式按图5-18所示方向均匀涂蜡。具体顺序是右前发动机舱盖→右前翼子板→右前车门→右后车门→右车顶→右后翼子板→后备厢，左半车身与右半车身顺序相同，蜡膜尽量做到薄而均匀。每道涂抹都应与上道涂抹区域有1/5～1/4的重叠，防止漏涂。

图5-17　车辆清洗

图5-18　手工上蜡

（2）机械上蜡　机械上蜡时将车蜡涂在打蜡机海绵上，具体涂布过程与手工上蜡相似（图5-19），打蜡机的转速控制在150～300r/min之间。值得注意的是在边、角、棱处的涂布应避免超出漆面，可配合手工上蜡完成。

注意：

不要涂太多的蜡，太多的蜡只能增加抛光工作量，而且还容易粘灰尘，抛光时会产生划痕。

3. 抛蜡

根据不同车蜡的说明，一般上蜡5～10min后蜡表面开始发白，用手背接触，呈粉末状，即可进行抛蜡。抛蜡时遵循先上蜡后抛光的原则，确保抛光过的车身不受污染。抛蜡分为手工抛蜡和机械抛蜡。

（1）手工抛蜡　手工抛蜡通常使用不脱毛纯棉毛巾按原上蜡的顺序进行往复直线擦拭，如图5-20所示，适当用力按压，通过挤压形成蜡膜，直至漆面抛光至镜面般光亮。

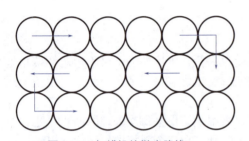

图 5-19　打蜡机的抛光路线

图 5-20　手工抛蜡

（2）机械抛蜡。用抛光机抛蜡时，先要将涂蜡盘套卸下，换上干净的抛光盘套，抛光机的转速控制在1000r/min以下，确认盘套的绒线中无杂质后开机，然后将打蜡机盘套轻放在车身上，让打蜡机按图5-19所示方向进行横向与纵向覆盖式的抛光，直至车漆光泽令人满意为止，如图5-21所示。

（3）清除残蜡　手工清除边角、缝隙处剩余的残蜡，这样才能得到完美的打蜡效果，如图5-22所示。

图 5-21　机械抛蜡

图 5-22　清除残蜡

四、注意事项

车身漆面打蜡是汽车美容中最常见的基本护理性美容，其目的在于增强漆面的防水、防紫外线、防划伤能力等，保持车身漆面光亮感、深度感和立体感。要达到以上目的必须把握好打蜡时机，做到正确选用车蜡，合理运用操作工艺并注意相关事项。

1. 汽车蜡的正确选用

正确选择和使用汽车蜡是打蜡美容成败的关键。目前市场上汽车蜡种类繁多，有固体和液体之分，又有高、中、低档之别，既有去污用的，也有补色用的，还有国产和进口之分。由于各种汽车蜡的性能不同，其产生的作用和效果也不一样，所以在选择时必须慎重。选择不当不仅不能保护车体，反而会对车身表面产生不良影响，严重的还会令车漆褪色或变色。因此要求美容者根据汽车漆面的实际情况加以正确选择，总结起来为"六原则"和"六注意"。

（1）选蜡六原则

① 根据车辆漆面质量选用汽车蜡。中高档轿车的漆面质量较好，应选用高档汽车蜡；对于普通车辆，选用一般汽车蜡即可。

② 根据漆面的新旧选用汽车蜡。新车或新喷过漆的车辆，应选用上光蜡，以保持车身漆面的光泽和颜色；对于旧车，可选用研磨抛光蜡进行抛光处理后，再用上光蜡上光。

③ 根据季节不同选用车蜡。夏季一般光照较强，应选用防高温、防紫外线能力强的汽车蜡。

④ 根据车辆的行驶环境选用汽车蜡。如沿海地区应用防盐雾功能较强的汽车蜡；化学工业区应选用防酸雨功能较强的汽车蜡；多雨地区应选用防水性能优良的汽车蜡；光照好的地区应选用防紫外线、抗高温性能好的汽车蜡；行驶环境较差的地区宜选用保护作用突出的树脂蜡；如车辆经常在泥泞、砾石、多尘等恶劣路面及沙尘暴易发地区环境下行驶，应选用保护功能较强的硅酮（聚硅氧烷）树脂蜡。

⑤ 根据操作条件选择。如果有时间想多花一些工夫打出光泽，则可以选用固体蜡；如果想省时省力，则可以选用喷雾式蜡；如果觉得固体蜡使用不方便，又不满意喷雾式蜡的光泽不佳，则可选用半固体蜡或液态蜡。

⑥ 根据车身颜色选择。对于白色、黄色和银色等颜色的车身，应选择浅色系列的汽车蜡；对于红色、黑色和深蓝色等颜色的车身，应选择深色系列的汽车蜡，起到相得益彰的作用，并能掩盖车身表面细小划痕，使车身显得更加光滑、漂亮。

（2）选蜡六注意

① 注意区分漆面。风干漆与烤漆，即1K与2K漆都可做抛光处理，但各用的抛光蜡不一样，用错会造成漆膜变软、裂口及变色。

② 注意分清机蜡和手蜡。机蜡配合专用抛光机使用，手蜡直接用手涂擦抛光。机蜡用手抛光费工费时且效果不佳，浪费严重，但边角处理得较好。

③ 注意素色漆与金属漆的抛光蜡应区分使用。金属漆所专用的抛光蜡不但可增加漆面光泽，而且能使金属的闪光效果更清澈，更富立体感。

④ 注意漆膜保护增光蜡与镜面处理蜡要分清楚。镜面处理蜡是对漆面进行增光处理的专用蜡，其保护作用不如保护增光蜡。保护增光蜡含有多种成分，可在漆面上形成一层保护膜，抵御外界紫外线、酸雨、静电粉尘、水渍等的侵害。

⑤ 注意含硅产品与不含硅产品在使用范围上应分清。含硅产品在保养时尽量避免使用，

因为漆膜一旦粘有硅质，漆面修补就很难处理。

⑥ 注意砂蜡。一般的砂蜡对漆面有很强的研磨作用，处理不好极易将漆面磨穿而造成不必要的损失。因此在一般性美容中，尽量不采用砂蜡。

2. 车身打蜡的时机

由于车辆行驶的环境与停放场所不同，打蜡的时间间隔也应有所不同。一般有车库并经常在良好道路上行驶的车辆，每3～4个月打蜡1次，否则应1～2个月打蜡1次。但这并非硬性规定，一般通过目视或用手触摸车身，光泽较差或感觉不光滑就应再次打蜡。

第二节　汽车封釉

一、汽车封釉及优势

1. 封釉的功用

所谓汽车封釉就是采用柔软的羊毛或海绵通过振抛机的高速振动和摩擦，将釉剂挤压进车漆的纹理中，使其在车漆表面形成独特、牢固的网状保护层，提高原车漆面的硬度、光泽度，使车漆能更好地抵御风沙的侵袭，并且不怕日晒，不怕酸碱，不怕火烧。

2. 汽车封釉的优势

汽车打蜡和封釉护理，两者同为汽车美容、保护汽车漆面光泽的护理手段。在功能上，两者有相同的地方，但和汽车打蜡比较，汽车封釉有着自己明显的优势。

（1）釉剂不溶于水　由于汽车打蜡时所使用的蜡都是溶于水的，因此如果汽车刚刚打完蜡后遇上阴雨天气，打上的蜡就会被雨水所溶解，起不到保护漆面和美容的作用。同时由于蜡可溶于水，打完蜡后给洗车也造成了诸多不便。而釉剂是渗透到车漆的毛孔内并形成带固化剂的液体玻璃，不溶于水。因此汽车封釉后可长期保护汽车漆面。

（2）不损坏原有漆面　和打蜡相比，封釉的第二个优点就是不会损害汽车漆面，由于传统的汽车打蜡都要先洗车后打蜡，频繁地洗车和打蜡会对汽车漆面造成危害；而封釉则是使流动的釉剂在汽车漆面表层附着并以透明状硬化，相当于给汽车漆面"穿上"一层透明坚硬的"保护衣"，因此可以起到保护汽车漆面的作用。

（3）保护时间长　汽车封釉之后保护可达3个月左右，同时避免了经常洗车的烦恼，汽车表面的灰尘可以轻松擦去。

（4）独有的漆面保护性　釉剂表面不黏着、不附着的特性，使得漆面即使在恶劣和污染的环境中也能长久保持洁净。汽车封釉还可以有效抵御温度对车漆造成的影响，使漆面硬度得到大幅度提高，同时还有防酸、防碱、防褪色、抗氧化、防静电、抗紫外线等功能。

（5）美容效果好　对新车进行封釉美容可以延长车漆的使用寿命，减缓褪色，使车漆光彩永驻。对旧车封釉其效果则更明显，旧车封釉可以使氧化褪色的车漆还原增艳，具有翻新的效果。

3. 封釉的设备与工具

封釉所需的主要设备和工具有封釉机、洗车泥、麂皮或专业无尘纸、纸胶带、空气压缩机、气枪等。

封釉机是封釉的专用电动或气动工具，如图5-23所示。它可以通过高频振动与快速转动，与漆面摩擦产生热量，使漆面局部产生一定程度的扩张，于是釉剂通过振动均匀地挤压渗透到漆面中，并在漆面上形成一层极薄的保护膜，以有效地保护和美化漆面。封釉机的使用与抛光机相似。封釉机一般采用吸盘式封釉波纹海绵轮与封釉机的托盘相连。

图 5-23　封釉机

二、汽车封釉的工艺流程

1. 汽车封釉步骤

汽车封釉工序比较复杂，需4～5h才能完成。

（1）脱蜡清洗（图5-24）　为保证封釉效果，封釉前必须用脱蜡洗车液将车身表面的污物清洗掉，注意不要有残留物，因为残留物会在擦拭车身时造成摩擦而损坏车漆，稍不注意就会损伤其光洁度。车身表面清洗擦干后，还要用压缩空气把洗车时在车体接缝处残留的水吹净。

图 5-24　脱蜡清洗

（2）用洗车泥擦拭车身　车身氧化层，以及车身长期积存的尘土、树胶、飞漆等脏污很难靠清洗的方法去除，因此经过清洗的车漆表面可能仍有些粗糙，这就需要用洗车泥进行全面的打磨处理，如图5-25所示。

图5-25　用洗车泥去除污物

 注意：

如果车身表面已经很洁净，此道工序可省略。

（3）全车贴防护胶条　汽车清洗干净后，要用防护胶条把车身上所有与漆面相邻的镀铬装饰和橡胶条的边缘部分以及诸如车标、字母、塑料护板等都粘贴起来，防止抛光时造成损伤，以及后续工序可能对这些部位造成污染、腐蚀等不良影响，如图5-26所示。

图5-26　抛光前相应部位贴防护胶条

（4）抛光处理　抛光可以去除车漆表面的氧化痕迹及发丝划痕，抛光后对车身表面进行高压冲洗。

（5）还原处理　使用抛光机配合静电抛光轮、增艳剂进行还原处理。抛光机在漆面上旋转的同时产生静电,将漆面毛孔中的脏物吸出。同时,增艳剂渗透到车漆内部,发生还原反应,可以达到车漆增艳如新的感觉,还原处理还可将车漆表面细小的划痕磨平。

(6)上釉　用海绵将釉剂一次均匀地涂抹在清洁的漆面上,并将漆面涂满,涂抹顺序与打蜡相同。

(7)振抛　使用封釉机将釉剂通过振动挤压至车漆的底部,使分子间形成如网状的保护层,如图5-27所示。

(8)无尘打磨　利用无尘纸或柔软的海绵轻轻抛光漆面,并轻轻擦去外表多余的粉末使其干净。

(9)收尾工作　把防护胶条撕掉,将被粘贴表面处理干净。

图 5-27　振抛

2. 封釉操作注意事项

① 封釉后24h内切记不要用水冲洗汽车。因为在这段时间内,釉层还未完全凝结,将继续渗透,若洗车将会冲掉未凝结的釉剂。

② 封釉后尽量避免洗车。釉剂可防静电,因此日常护理时用除尘掸就可轻松去掉车身上的灰尘。

第三节　漆面镀膜

一、漆面镀膜的操作类型及作用

1. 镀膜

镀膜是用镀膜机将带有负离子的液态蜡,均匀地喷涂到车漆上,由于液态蜡带有静电,所以会自动吸附到车漆上,在车漆表面形成一层蜡质保护层。对于车身漆面上的划痕,它拥有优于传统的抛光处理、喷漆处理的修复和保养功能,如图5-28所示。

图 5-28　漆面镀膜

2. 漆面镀膜的操作类型

目前，市场上漆面镀膜的操作工艺有两种类型——手工镀膜与电喷镀膜。手工镀膜工艺类似于封釉施工工艺，只是材料不同而已，主要由漆面清洁、研磨抛光、手工镀膜等工序构成；电喷镀膜工艺是通过喷枪，将色彩还原魔幻蜡细化至0.01mm的粒度喷涂于车漆表面上形成一层保护膜，然后再用无纺布抛光，从而实现镀膜。

3. 漆面镀膜的作用

镀膜的主要成分是氟碳和玻璃纤维素的聚合物，它的特性在于在车漆表面形成高硬度、抗氧化、耐腐蚀的保护层，隔绝外界物质对漆面的损害，不仅使车身色彩得到还原，增加了亮度，从而达到焕然一新的效果，而且做了镀膜后，彻底解决因手工摩擦打蜡而留下的一道道光圈，并使蜡层分布更均匀、细腻，硬度更大、亮度更持久。镀膜后的效果可持续两年以上的时间，在此期间，车身漆面基本不用再做其他护理，并可得到优良的涂膜硬度。

二、漆面镀膜的工艺流程

（1）洗车　用高压水将车身表面的泥沙冲洗掉，然后用洗车香波将车身表面污渍清洗干净，如图5-29所示。用气枪将车身表面及缝隙中的水吹出并配合干毛巾将整个车身擦干，如图5-30所示。

（2）用洗车泥擦拭车身　用洗车泥擦拭车身（图5-31），其目的是有效去除漆面氧化层、沥青点、铁粉等洗车洗不掉的漆面污垢。应从发动机舱盖开始从前到后均匀地将车漆擦拭一遍，擦拭过程中要不断喷水：一是起到润滑作用；二是把粘掉的污垢冲洗干净，以便达到最佳效果。

图 5-29　用洗车香波洗车

图 5-30　吹净并擦干车身

图 5-31　用洗车泥擦拭车身

（3）贴防护胶条　防护胶条保护作业是镀膜中重要的工序之一，它可避免施工事故的发生，如图 5-32 所示。首先用遮蔽纸将刮水器片、喷水嘴、橡胶条、各部位镀铬件、车灯等部位进行粘贴保护。车窗玻璃最好也用遮蔽纸粘贴，以防抛光时不小心将其磨损。

图 5-32　贴防护胶条

（4）研磨　使用抛光机配合羊毛轮和研磨剂将漆面上的深度划痕、氧化层及漆孔中的污渍进行研磨处理，下一步进行抛光作业。

（5）还原　使用抛光机配合还原盘和还原剂按照抛光的顺序进行还原作业。

（6）喷膜　将镀膜液摇晃均匀，适量倒在镀膜专用海绵上，在漆面上擦拭力度均匀，画小圈沿直线将全车擦拭一遍，不要有遗漏的部位。涂抹顺序与打蜡相同。

（7）烤干　用红外线烤灯将镀膜的漆面按喷膜的顺序烤干，或按说明书中的时间要求自然干燥。

（8）擦膜作业　用超纤维专用擦膜毛巾擦去膜与车漆产生的结晶，方法为画小圈直线擦拭。

（9）收尾作业　去掉防护胶条和玻璃遮蔽纸，清理门边干燥的研磨剂。

第四节　漆面研磨、抛光与还原

研磨、抛光与还原是漆面美容护理的主要作业项目，它们可以有效去除浅划痕，恢复整车漆面亮丽的色彩,但建议不要经常使用,因为漆面经研磨抛光处理,会越磨越薄。若将漆面磨穿,就只能靠重新喷漆来补救。对于局部划痕的处理,可以通过局部的研磨抛光即只对划痕(图5-33)及其周围进行处理,这样做对整车漆面影响不大。

图 5-33 划痕

一、研磨剂、抛光机及抛光盘

1. 研磨剂

研磨蜡又称粗蜡,呈颗粒状,成分中含有极细微的磨料,会伤害车漆,用于处理漆面表层深度的划伤、氧化、腐蚀等,使用后会形成一层细密的保护膜,如图5-34所示。

图 5-34 研磨蜡

抛光蜡又称细蜡,成分中含有超微细的磨料,如图5-35所示。抛光蜡中的磨料颗粒较研磨蜡中的要小,用于研磨后的抛光工序,能迅速去除面漆表层的中度或低度划伤、氧化、腐蚀、异物,并形成一层更细密的保护膜,使漆面更光滑和亮丽。

研磨时要根据漆面的状况和划痕的深浅选择专用的、合适的研磨剂。研磨剂越粗,切除效率越高,但抛光后平整度就越差,光泽度越低;反之,研磨剂越细,光泽度就越高,但切磨效率越低。因此可以先用粗蜡研磨,实现快速切削,去除橘皮或砂纸痕迹;再用细蜡抛光,去掉粗蜡所带来的划痕,恢复漆面光泽。但这个程序不是一成不变的,如对于类似发丝的划痕可以直接进行抛光处理，这样漆面就可以得到更多保护。

图 5-35　抛光蜡

2. 抛光机与抛光盘

如图 5-36 所示，抛光机也称为研磨机。抛光机常用于机械式研磨、抛光及打蜡。其工作原理是，电动机带动安装在抛光机上的抛光盘高速旋转，由于抛光盘和抛光剂共同作用并与待抛光表面进行摩擦，进而达到去除漆面污染、氧化层和浅划痕的目的。

图 5-36　抛光机

（1）抛光机

① 按动力分为气动式和电动式两种。气动式比较安全，但需要气源；电动式容易解决电源问题，但要注意用电安全。

② 按功能分为双功能工业用磨砂/抛光机和简易型抛光机两种。双功能工业用磨砂/抛光机安上砂轮可打磨金属材料，换上抛光盘又能进行车漆护理。此机较重，但工作起来非常平稳，不易损坏，转速可以调节，适合专业美容护理人员使用。简易型抛光机实际上是钻机，体积小，转速不可调，使用时难掌握平衡，专业美容护理人员一般不使用此类机型。

③ 按转速分为高速抛光机、中速抛光机和低速抛光机三种。高速抛光机转速为 1750～3000r/min，转速可调；中速抛光机转速为 1200～1600r/min，转速可调；低速抛光机转速为 1200r/min，转速不可调。

（2）抛光盘　抛光盘安装在抛光机上，与研磨剂或抛光剂共同作用完成研磨/抛光作业。吸盘式抛光盘应用最广泛，与之配合使用的抛光机的机头有用螺钉固定的托盘，托盘的工作面可粘住带有尼龙易粘平面的物体,这样就可以根据需要选择各种吸盘式的抛光盘,工作时只需将此种抛光盘贴在托盘上,便可实现抛光盘的快速转换。抛光盘按材料分为羊毛抛光盘、海绵抛光盘和兔毛抛光盘三种。

① 羊毛抛光盘。羊毛抛光盘为传统式切割材料,研磨能力强、功效大,研磨后会留下旋纹。一般用于普通漆的研磨和抛光,用于罩光漆时要谨慎。如图 5-37 所示,羊毛抛光盘按颜色一般分为白色和黄色两种。

a. 白色羊毛抛光盘。切削力强,能去除漆面上的严重瑕疵,配合较粗的蜡打磨可快速去除橘皮或修饰研磨痕。

b. 黄色羊毛抛光盘。切削力较白色羊毛抛光盘弱,一般配合细蜡来抛光漆面、去除漆面粗蜡抛光痕及轻微擦伤痕。

(a) 白色

(b) 黄色

图 5-37　羊毛抛光盘

注意:

羊毛抛光盘需定期用梳毛刷或空气喷嘴清洁,以清除蜡质;使用过的羊毛抛光盘要进行干燥,干燥后用梳毛刷冲洗干净;冲洗时必须使用温水,千万不要用热水烫或用强碱性清洁剂冲洗;使用洗衣机清洗时只可使用轻柔挡;通常利用空气对其干燥,最好不要进行机器干燥。

② 海绵抛光盘。海绵抛光盘切削力较羊毛抛光盘弱,不会留下旋纹,能有效去除漆面的中度瑕疵,可用于车身普通漆和透明漆的研磨及抛光,一般用于羊毛抛光盘之后的抛光、打蜡,如图 5-38 所示。海绵抛光盘按颜色一般可分为三种。

a. 黄色盘。一般作为研磨盘,质硬,用以消除氧化膜或划痕。

b. 白色盘。一般作为抛光盘,质软、细腻,用以消除发丝划痕或抛光。

c. 黑色盘。一般作为还原盘,质软、柔和,适合车身为透明漆的抛光和普通漆的还原。

注意:

海绵抛光盘在温水中冲洗后,挤去水分,面朝上放在干净的地方进行干燥;或用专门的抛光盘清洗机进行清洗。不要使用肥皂或清洁剂清洗,更不能干洗。

③ 兔毛抛光盘。兔毛抛光盘切削力介于羊毛抛光盘和海绵抛光盘之间，可用于车身普通面漆和罩光漆的抛光，如图 5-39 所示。

图 5-38　海绵抛光盘

图 5-39　兔毛抛光盘

二、研磨、抛光、还原的操作

研磨与抛光属于同一类护理作业，它们使用的设备及操作方法基本相同。

1. 研磨

研磨是漆面轻微缺陷修复的第一步，用研磨/抛光机作业，研磨完后还要抛光、还原，这是三道连续的工序。

（1）研磨的作用　研磨主要用于去除漆膜表面的氧化层、轻微划痕等缺陷。

（2）研磨的操作

① 洗车。研磨前用脱蜡洗车液将车洗净、擦干，如图 5-40 所示。

② 遮蔽。研磨前，为防止意外伤到车身附件，首先用胶条把车身上所有与漆面相邻的金属件和橡胶件的边缘部分以及诸如车标、字母等都粘贴起来，并对全车进行必要的遮蔽，如图 5-41 所示。

图 5-40　洗车

图 5-41　对全车进行必要的遮蔽

③ 抛光盘的选择。抛光盘的选择要依据漆面状况、所选用的研磨剂及抛光盘的特点。目前有些生产厂家根据各自护理产品的特点配有专门的研磨/抛光盘。抛光盘应洁净，与托盘粘接牢固，并且对在中心位置，如图 5-42 所示。

④ 涂研磨剂。取研磨剂充分摇晃均匀，在漆面上涂上一条薄薄的、断断续续的研磨剂，如图5-43所示。

图5-42　抛光盘的选择

图5-43　涂研磨剂

⑤ 研磨。用抛光盘将研磨剂均匀涂抹在待抛光漆面上，保持抛光盘平面与待抛光漆面基本平行（局部抛光除外）。调整研磨机的转速在1400～1800r/min之间，启动抛光机，按与划痕垂直的方向移动并逐渐向前推进，抛光盘经过的长条轨迹之间要相互重叠1/3，如图5-44所示。

> **注意**：
>
> 研磨时，依据所选用产品的特点及要求决定是否需要保持抛光盘湿润。一般如果研磨剂含蜡质成分较多，可以干抛。如果研磨剂含蜡质成分较少，若使用3M产品，进行研磨抛光作业时应保持抛光盘湿润，方法是用喷雾瓶向抛光盘或工件表面喷清水，以防因水流过大而冲去研磨剂，并可防止板件变热。

⑥ 对于车身边角不宜使用研磨机的位置，使用手工方法研磨，用柔软的布、厚绒毛巾或柔软的抛光盘蘸研磨剂进行研磨，如图5-45所示。

⑦ 用清水将研磨表面冲洗干净，如图5-46所示。

图5-44　机器研磨

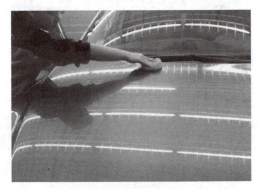

图5-45　手工研磨

（3）确认研磨作业是否完成

① 首先观察漆面状况。当漆面被充分研磨后，会呈现出规律的、一致的螺旋纹而不是

直线的划痕。

②漆面没有明显的光泽度。

2. 抛光

抛光是紧接着研磨的第二道工序，漆面研磨后必须抛光，用研磨/抛光机作业，如图 5-47 所示。

图 5-46 冲洗研磨表面

图 5-47 抛光

（1）抛光的作用　抛光主要用于清除研磨留下的细微划痕、消除漆面细微划痕（发丝划痕）和处理汽车漆面轻微损伤及各种斑迹，进而达到光亮无瑕的漆面效果。

（2）抛光的方法　具体操作方法与研磨施工基本相同，需正确选择抛光剂和抛光盘，抛光机的转速调整为 1800～2200r/min。湿抛时（依据研磨剂的成分决定湿抛还是干抛）将抛光机的海绵盘用水充分润湿后，甩去多余水分，再取少量抛光剂涂于漆面，应每一小块进行一次处理，不可大范围涂抹。抛光机的抛光盘应平放于漆面上，保持与漆面相切，力度适中，速度均匀。抛光作业结束后，漆面浅划痕可基本消除，对于抛光作业中残留的一些发丝划痕、螺旋纹等，可通过漆面还原进行处理。

（3）确认抛光作业情况

①观察漆面状况，经过充分抛光的漆面不能留有研磨后遗留的螺旋纹与划痕。

②漆面光泽度非常好。

（4）研磨、抛光操作注意事项

①研磨剂、抛光剂不可涂在抛光盘上，应断断续续涂薄薄的一条在待处理的漆面部位。不能涂得太多太厚，以免未用就已经干燥。

②研磨、抛光作业时先将抛光盘轻压在表面上，然后再开抛光机，如果抛光机在接触表面前就旋转很容易划伤车漆表面。作业时应保证抛光盘与车漆表面完全接触，或者从表面稍稍提起，一定不能倾斜抛光盘而用其边缘，否则容易划伤车漆表面。

③研磨、抛光时应做到边看漆面、边看划痕、边抛光。抛光机的移动速度，开始时慢、收尾时快，漆面瑕疵多的地方用力要重而缓慢。

④研磨、抛光时抛光机在车漆表面必须不停地移动，如果任其在一个地方停留若干时间，那么车漆便会被产生的热量软化以致磨穿漆面，或可能被抛光盘和嵌入车漆中的抛光剂划伤。

⑤如果抛光剂干结在车漆上，而此时抛光，有可能造成车漆表面的划伤，应及时清除。如果有任何抛光剂干结在车漆上，必须用浸有水或抛光剂的擦布迅速擦去。

⑥ 靠近板件边缘及特征线的涂层特别薄，从而很容易抛光过度。所以抛光盘的方向应是从涂装表面向外。

⑦ 研磨、抛光作业可以手工完成。在手工抛光时应注意抛光运动路线，不可胡乱刮擦或环形运动，应该以车身纵向平行线为准往复运动。

⑧ 用双手紧握抛光机，同时将电线或空气软管通过肩膀置于身后，以防电线或空气软管缠住。

⑨ 在完成用抛光盘进行的抛光工序后，要彻底清洗抛光盘，并令其干燥。

⑩ 欧洲和美国品牌汽车的面漆涂层一般比较厚，而日本、韩国及国产品牌汽车的面漆涂层一般较薄。在研磨、抛光时要注意把握好分寸，千万别磨穿面漆。

3. 还原

还原是紧接着抛光的第三道工序，抛光后必须还原，用研磨/抛光机作业，如图5-48所示。

（1）还原的作用　还原剂也叫"镜面处理剂"。针对漩涡划痕、轻微划痕（图5-49）及车体表面轻微污垢、腐蚀、氧化等直接影响漆面镜面的症状，采用纳米抛光成分的还原剂，可迅速去除车体表面微小瑕疵，将原车漆的光泽还原回新车的状态，漆面像镜子一样平整光滑且有质感，因此还原也称为镜面处理。还原剂还在蜡和漆中间起绝缘的作用，以确保打蜡后的保质期。还原剂以"消除最后的划痕，把车漆还原到新车状况"为主，如图5-50所示。在还原剂的基础上使用增艳剂具有增艳作用，如图5-51所示。两者都能起到密封的作用。

图 5-48　还原

图 5-49　轻微划痕

图 5-50　还原剂

图 5-51　增艳剂

（2）还原的方法 漆面还原的操作方法与研磨、抛光施工基本相同，要求正确选择抛光盘和还原剂。

① 洗车并将车体表面擦干。

② 机械操作：将还原剂涂抹于约50cm²漆面，研磨盘以1000～1500r/min的速度从里往外、匀速且力度适中地对漆面进行抛光，注意使抛光机的海绵盘保持与漆面相切，最后用柔软的毛巾手动擦去多余的还原剂。

③ 手工操作：将还原剂用毛巾直接涂抹于约50cm²漆面，用海绵轻柔地从里往外擦拭，去除划痕、污垢、腐蚀及氧化层等，然后用柔软毛巾抛光即可。如有必要，可反复涂抹。

（3）确认还原施工过程是否完成

① 观察漆面状况，经过充分还原施工的漆面不能留有抛光后遗留的螺旋纹或眩光。

② 漆面光泽度应达到镜面效果。

第五节 漆面褪色、失光的美容护理

车辆在使用过程中，由于长期受阳光中的紫外线照射，或用劣质洗车液洗车，进行不规范的抛光养护等都可能造成漆面老化失光，硬度和亮度下降，缩短漆面寿命，影响车体美观，因此必须对汽车漆面进行美容护理，以达到美观、保护的作用。

一、漆面老化、失光的原因

1. 自然老化

汽车使用中不可避免地要经受风沙尘土的吹打、雨雪泥水的冲击、沥青路面飞溅的沥青（图5-52）以及树胶、鸟粪、油污等的污染；汽车漆面长期与空气、酸雨以及阳光中的紫外线等直接接触；车身的涂料有一定的使用寿命，它总是通过不停地向空气中蒸发油分来达到保护自身的目的，时间长了会使漆面的油分消失，导致漆面亮度大大降低，使漆面慢慢发

图5-52 沥青路面飞溅的沥青

白。因此当使用到一定时间后,自然老化是无法克服的,无论如何护理,漆膜氧化、失光及粉化等缺陷总会出现。

2. 日常保养不当

（1）洗车不当　洗车时,选用的水源、洗车液的种类及冲洗水压的高低,是造成漆面失光的诱发因素。如水质不清洁,含有酸、碱性物质,或洗车液碱性较强,这些都会直接侵蚀车身漆面;此外,冲洗时水压太高,也可使车身漆面的罩光层受到冲刷而失光。因此,洗车时应使用清洁的水源和专业洗车液,冲洗车身的水压也不宜过高。

（2）擦车不当　因为车身表面浮尘中含有许多硬质颗粒,在擦拭时,易导致漆面出现划伤,正确的方法是先冲洗,再擦拭。

（3）日常护理不当　不重视日常护理,使车辆处于无护理状态运行,或日常护理的方法、时间和护理品选用不当,没有达到护理的目的。所以应按汽车行驶环境及车蜡的种类及时给车身漆面上蜡保护。

（4）使用环境恶劣　汽车在烟尘严重的工地、工业污染严重的城市、盐雾严重的沿海地区行驶或停放,均会使车身漆面遭受腐蚀,造成漆面失光。因此,汽车应根据情况进行打蜡、底盘装甲（图5-53）等美容护理。

3. 透镜效应

如图5-54所示,透镜效应是指当车表漆面上存有小水滴时,由于水滴呈扁平凸透镜状,在阳光的照射下,对日光有聚焦作用,焦点处的温度很高,从而导致漆面被灼伤,出现用肉眼看不见的小孔洞,有些深达金属层。若灼伤范围较大,分布密度较高,漆面就会出现程度严重的失光。因此,在日常护理中,要及时彻底地消除漆面上的水滴,防止透视效应的产生。

图5-53　底盘装甲的效果

图5-54　车身漆面的水滴

4. 交通膜

所谓交通膜（图5-55）是指当汽车高速行驶时,车体与空气摩擦产生的静电会吸住杂物,静电层如长期得不到及时消除,夜晚时会加速吸附潮湿空气,形成氧化物,使漆面发生氧化侵蚀。为了避免和减少形成交通膜的可能性,通常采用打蜡和加装汽车防静电装置予以解决。

图 5-55　交通膜

二、漆面失光原因的判别

（1）自然老化导致的失光　若漆面无明显划痕,用放大镜观察漆面斑点较少,此类失光主要由氧化还原反应所致,属于自然老化失光。

（2）划痕导致的失光　若漆面上分布较多的微细划痕,而且伤及底漆层,特别是在强光照射下更明显,这类失光为漆表划痕所致。

（3）透镜效应导致的失光　用放大镜仔细观察漆面,漆面上出现较多的斑点,这些斑点实际上是灼伤的小孔洞,这类失光为透镜效应所致。

三、漆面失光的处理方法

漆面无明显划痕或浅划痕未伤及面漆层,用放大镜观察漆面斑点较小,对于此类失光,可先清洗研磨,消除表面的失光,然后上蜡抛光,进行美容护理,即可恢复漆面光泽,此种处理方法属于漆面翻新美容。

漆面翻新美容是汽车车漆美容护理技术中非常重要的组成部分,翻新技术的好坏直接关系到汽车美容护理的最终效果,因此熟练掌握翻新美容技术是从事汽车美容护理服务的基础。

1. 车身漆面翻新美容的作用原理

翻新美容处理是在抛光机上安装抛光盘,在漆面上涂上抛光剂,将抛光机转速调整到 1800～2200r/min,抛光盘配合抛光剂与车漆摩擦产生静电,摩擦的同时产生热量使漆膜变软,毛细孔变大。在这种情况下,静电将漆面毛孔内的脏物吸出,抛光盘又将漆面微观的氧化层磨掉,并将细微的伤痕拉平填满;同时抛光剂的一些成分溶入漆面,发生还原反应,进而改善漆面缺陷的状况,使车身漆面清洁如新、光滑亮丽。

2. 车身漆面翻新美容施工工艺流程

（1）车身清洗　用脱蜡清洗液将车身漆面的粉尘、油渍、泥沙及污垢等污物彻底清洗干净。

（2）漆面研磨　漆面研磨的处理步骤如下。

① 首先判断是否需要研磨处理。从车的不同角度来观察车漆的亮度，通过感觉光线的柔和度、反向景物的清晰度等来判断。如果景物暗淡、轮廓模糊、有轻微划痕，则需进行研磨处理。

② 选择正确的漆面研磨剂。研磨剂在分类上没有特别的定义，每个生产厂家的标准都不同，如果混合使用不同品牌的产品时，很可能达不到满意的效果。所以，应尽量使用同一品牌的系列产品进行研磨处理。

③ 研磨时，首先用防护胶条把车身上所有与漆面相邻的金属件和橡胶件的边缘部分以及诸如车标、字母等都粘贴起来。将抛光机调整好转速。

（3）抛光　如果漆面划痕不明显，目测观察时漆面景物暗淡、轮廓模糊，用手套上一层塑料薄膜纸来触摸漆面，如果感到发涩或有沙粒感时，可以不必进行研磨处理，直接进行抛光处理。

（4）还原　当整车漆面处理完毕后，漆面会很平滑、光亮，但有时会有一些极其细小的划痕或光环，为了保持漆面的平滑和光亮，必须进行还原处理。

（5）打蜡　漆面经过以上工序处理已经变得光滑亮丽，但为了保护车漆，还必须对漆面实施保护，如打蜡。

四、严重失光的处理方法

漆面粗糙失光，用放大镜仔细观察漆面，会发现漆面有较多的斑点，则说明漆面受侵蚀严重。此种情况不是护理性美容所能解决的，必须进行修复性美容操作，即要求进行重新涂装施工。对局部失光的则进行局部涂装，若全车漆面都严重失光则必须进行全车涂装。

第六章

汽车玻璃美容

　　汽车玻璃犹如一辆汽车的窗口，在汽车的整体安全上也扮演了一个重要角色。随着汽车玻璃技术的不断发展，汽车玻璃的科技含量越来越高，功能也在不断完善。

　　与其他大的汽车养护项目相比，汽车玻璃的保养的确是一个小细节，车主往往对"眼前"的挡风玻璃视而不见或重视不够。然而，汽车玻璃的确是关系到行车安全的重要因素之一。

第一节　汽车玻璃的清洁及护理

　　汽车玻璃应经常保持干净透亮，尤其是前挡风玻璃，否则不仅影响美观，而且影响驾驶。特别是在雨夜，刮水器擦过，残留水膜晃眼，大大影响驾驶人的视野，这是安全驾驶的大敌，必须想办法尽快彻底清除。

　　玻璃的清洁不能用水，因为玻璃外侧常吸附有油脂，不但清洁费力费时，不能彻底清洁，而且可能留下油膜和交通膜的花纹。因此必须采用专用的玻璃清洁用品进行彻底清洁。

一、常用的玻璃美容养护用品

　　玻璃美容养护用品有玻璃清洁剂、玻璃抛光剂、玻璃上光保护剂、玻璃防雾剂、玻璃防水剂、玻璃除冰剂等。

　　（1）玻璃清洁剂　玻璃清洁剂（图6-1）主要用于全车玻璃和倒车镜的预处理，可以有效去除表面尘污。

　　（2）玻璃抛光剂　玻璃抛光剂（图6-2）兼具上光抛光作用，不但可以增亮，使玻璃表面洁净、光滑，还可防止灰尘二次沉降，同时也可改善刮水器擦痕。

　　（3）玻璃上光保护剂　玻璃上光保护剂（图6-3）可以有效防止玻璃表面污物、油膜的再次附着。

　　（4）玻璃防雾剂　玻璃防雾剂（图6-4）可有效防止车窗玻璃表面结雾，减少交通事故的发生。

图 6-1 玻璃清洁剂

图 6-2 玻璃抛光剂

图 6-3 玻璃上光保护剂

图 6-4 玻璃防雾剂

（5）玻璃防水剂　玻璃防水剂（图6-5）能使雨水变成水膜，均匀地在玻璃上流下来，使车窗明亮清晰，有利于行车安全。

图 6-5 玻璃防水剂

（6）玻璃除冰剂　玻璃除冰剂（图6-6）能使玻璃表面上的积雪、冰霜等迅速融化，提供防止再次结冰的保护，并具有清洁玻璃的功能，保证全方位的良好视野。该产品能保证在0℃以下进行喷洒，对汽车无损害。

图6-6　玻璃除冰剂

二、汽车玻璃的清洁护理

汽车玻璃可以分为两类：一类为前挡风玻璃和后视镜；另一类为单面贴膜侧窗玻璃和后挡风玻璃（有防雾除霜栅格），它们的清洁护理操作略有不同。汽车玻璃的清洁护理步骤如下。

1. 清洗玻璃

用洗车香波清洗车身，玻璃上附着的沙粒、尘土等污物在浸润后被高压水流冲走；玻璃上黏附的污斑、昆虫、沥青、口香糖或透明胶的残痕等污物，可用塑料或橡胶刮刀去除；玻璃上的顽固性污物，如油漆污点、鸟粪等，可用柏油清洁剂去除。如果只清洗玻璃，可先在玻璃上喷洒清水，用手触摸，感触较大尘粒的程度，再用专用刮刀将其刮除干净。

2. 用玻璃清洁剂清洁

将玻璃清洁剂喷头对准玻璃表面直接喷射，再用干净柔软的毛巾擦拭，除去表面尘污。对于重污垢玻璃表面，可多次喷涂，浸泡几分钟后，再进行清洁，如图6-7所示。

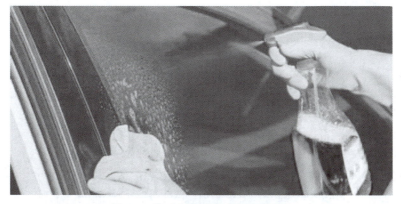

图6-7　将玻璃清洁剂喷在玻璃表面

3. 抛光玻璃

对于前挡风玻璃和后视镜,将适量玻璃抛光剂倒在清洁海绵上,如图6-8所示。适当施力以圆周运动重叠方式涂满整个玻璃,如图6-9所示。干燥3～5min,再用干净软布将灰色薄膜擦拭干净后玻璃有夺目的光泽,如图6-10所示。

图 6-8 将玻璃抛光剂倒在清洁海绵上

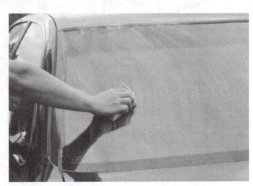

图 6-9 将玻璃抛光剂涂满整个玻璃

图 6-10 用干净软布将灰色薄膜擦拭干净后玻璃有夺目的光泽

4. 玻璃上光保护

玻璃清洁干净后,必须再喷涂玻璃上光保护剂(玻璃清洁、上光保护二合一产品除外),如图6-11所示。但要注意不要在前挡风玻璃上使用含硅酮(聚硅氧烷)的玻璃保护剂,以防刮水器片因干摩擦而缩短寿命。

图 6-11 喷涂玻璃上光保护剂

第二节 汽车玻璃的损伤修复

在高速行车时,很多人都有过前挡风玻璃被石子或其他硬物弹裂的经历。遇到这种情况,如果为了一个小裂痕就换掉整块玻璃,实在是不值得。如果置之不理,风压又会让裂缝越扩越大,不仅影响美观,而且会对安全造成威胁。这时,做汽车玻璃修补是较理想的解决办法,它针对玻璃裂缝或小伤口进行处理,操作时间短,不会影响日常用车。

一、汽车玻璃损伤的种类

玻璃的特性是硬度高、透明度高。但是玻璃材质也非常脆,"宁碎不弯",当受到外力撞击时容易受损伤,受损后维修难度大。玻璃损伤的类型有划痕损伤和裂纹损伤两大类。

1. 划痕损伤

如图6-12所示,汽车玻璃的划痕损伤是由于受到硬物摩擦而在表面产生的很浅的印痕。前挡风玻璃上最容易出现划痕损伤,形成原因大多是由于刮水器造成的,比如在未喷玻璃清洗液的情况下刮水器刮脏污的挡风玻璃就很容易产生划痕。玻璃划痕不但影响美观,更主要的是会影响驾驶员的视线,给行车安全带来隐患。

2. 裂纹损伤

如图6-13所示,汽车玻璃的裂纹损伤是由于玻璃受到外力作用,从外表到内部产生分裂,严重的会从外表面到内表面完全裂开。并且,裂纹会随着继续受力而逐渐扩大,甚至造成整块玻璃完全断开。玻璃裂纹损伤也严重影响美观,并且给行车安全带来更多的隐患。

图 6-12 汽车玻璃的划痕损伤

图 6-13 汽车玻璃的裂缝损伤

一般汽车玻璃的裂缝会出现三种形状,分别是线形裂纹、圆形裂纹和星形裂纹。更多的时候是多种损伤同时出现的复合形式,维修难度加大,维修后的效果也不会让人满意。

① 线形裂纹损伤多见于粘接安装的汽车前挡风玻璃。在使用中,受到剧烈振动后局部受力不均、玻璃表面温度变化过大、重新安装的玻璃位置不佳等,这些原因都会产生线形裂纹。线形裂纹出现后,若不及时处理其会不断变大,最后造成整块玻璃报废,如图6-14所示。

② 圆形裂纹损伤是由于玻璃表面受到外物撞击，造成表面缺损，形成边缘比较规则的圆形凹陷，如图6-15所示。

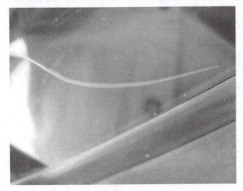

图6-14　汽车玻璃的线形裂纹损伤

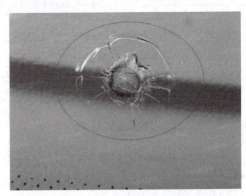

图6-15　汽车玻璃的圆形裂纹损伤

③ 星形裂纹损伤是玻璃受到外物撞击后，形成以撞击点为中心向四周发散的裂纹，如图6-16所示。

图6-16　汽车玻璃的星形裂纹损伤

二、汽车玻璃损伤修复

1. 划痕损伤的修复

汽车玻璃划痕损伤的修复方法与车身涂膜划痕抛光美容方法相似，但是需要使用玻璃划痕修复专用研磨剂和抛光剂进行抛光及修复。

2. 裂纹损伤的修复

汽车玻璃裂纹损伤的修复主要是在裂缝中填补玻璃修补剂，消除缝隙。填补缝隙所用的材料是一种透明度很高的液态胶质，这种胶质通过紫外线加热可迅速凝固，强度可达到原玻璃的90%以上，并且保证玻璃的透光性良好。通常一个圆形裂纹，在修复完成以后只会剩下一个小小的圆形痕迹，如图6-17所示；星形裂纹修复完会留下蛛丝状的裂纹；线形裂纹修复完只会留下一条隐隐约约的线，而且只有在某个反光的角度，才看得到修补的痕迹，平时看到的仍然是一块"天衣无缝"的好玻璃。

图6-17 玻璃圆形裂纹修复前后

不是任何破损都可以做玻璃修复的,一旦玻璃已经断裂分离,或是破成碎片,都是不可修复的,如图6-18所示。而且若是裂痕太大,修复费用也许会与换新玻璃不相上下,何况修复还会留下疤痕。因此,汽车玻璃的修复,只有在破损不大的情况下采用,方可省时省钱。

图6-18 破损严重的汽车玻璃

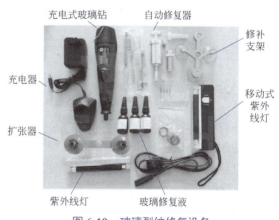

图6-19 玻璃裂纹修复设备

三、汽车玻璃裂纹的修复

1. 准备

① 将玻璃表面清洁干净,尤其是有裂纹的部位。清洁干净以后,玻璃表面要保持干燥。

② 保护好仪表板等内饰,防止在施工时玻璃修补剂滴落到内饰表面而造成损伤。

③ 如图6-19所示,准备好玻璃裂纹修复用的材料和设备,如玻璃修复液、固化灯等。

2. 施工流程

① 将玻璃裂纹修补支架固定在需要修补的裂纹处,调整好位置和合适高度,确保安装牢固,如图6-20所示。

② 在支架上安装加液器，保证加液器的加液口与裂纹对正。

③ 用真空注射器将玻璃伤口内的空气抽掉。

④ 在加液口填以玻璃修复剂（液态胶质）。经过反复几次抽压后，修补的空间至少会有90%盛满了修复液。此后裂纹逐渐变小，直至消失，如图6-21所示。

图 6-20　安装玻璃裂纹修补支架

图 6-21　填补裂纹

⑤ 用紫外线灯上下左右各照射2min，让修复剂凝固，如图6-22所示。

> **注意：**
> 紫外线对人体有伤害，在使用时要注意做好防护，切记不可直接照射人体。

⑥ 修复剂凝固后，伤口的中心点还会有一个小缺口，这时再滴入浓度较高的修复剂，盖上玻璃片，同样用紫外线灯照射烘干。

⑦ 用刀片将表面多余的玻璃修复液刮除，涂上玻璃专用抛光剂，用布磨光即可，如图6-23所示。

> **注意：**
> 用刀片刮平时，使用的刮刀刃口要光滑，不能将玻璃表面刮伤。

图 6-22　紫外线灯照射

图 6-23　刮平表面

第三节　汽车车窗膜结构及鉴别

汽车玻璃洁净明亮，透光性好，能保证驾驶员有良好的视野，保证行车安全，但是太阳光中的有害射线也会照射进来。红外线热能高，会提高驾驶室的温度，增加空调的使用频率。紫外线具有破坏性，皮肤长期受紫外线侵害，会加速老化，严重的可引发皮肤癌和眼部疾病。同时，紫外线还可能灼伤汽车内饰，使一些皮件老化。很多车辆采用窗帘来挡光和保护隐私，但是严重影响视线，如图6-24所示。给汽车玻璃粘贴上汽车玻璃膜，所有的问题就能迎刃而解了。

图 6-24　影响视线的汽车窗帘

一、车窗贴膜的作用

车窗贴膜（图6-25）就是在车窗的内侧贴上一层聚酯膜，以达到预期的目的。贴膜之所以如此流行，是由于它并不是可有可无的，而是有着切切实实的作用。车窗膜的作用如图6-26所示。

图 6-25　车窗贴膜的好处

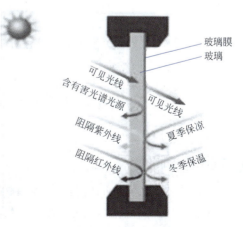

图 6-26　车窗膜的作用

1. 时尚美观

不同汽车车身的颜色各不相同，但汽车玻璃的颜色却千篇一律。要想改变玻璃的颜色使其与车身颜色搭配一致,贴膜是最好的选择。这样不仅能增加车身的美观,而且能体现出车主与众不同的品位。

2. 阻隔热量

夏天,汽车1/3的燃油用于空调制冷,而粘贴了隔热车窗膜的汽车则可以把这部分油耗降低30%左右。这是由于隔热车窗膜能够很好地阻隔太阳光中的红外线(红外线是太阳光中热量主要的分布区域),从而很好地阻隔热量,营造舒适的车内环境。

3. 阻隔紫外线(UV)

过多暴露在紫外线下对人体的健康来说是非常有害的。紫外线几乎无处不在,对于很多车主来说,每天会在车上度过相当长的时间,给车窗贴上能阻隔紫外线的窗膜,就能够有效地保护车主不受紫外线的伤害,同时也能够避免车内橡胶件、塑料件等因紫外线的照射而老化。一般来说,车窗膜能够隔断98%以上对人体有害的紫外线,大部分正规厂家生产的车窗膜均具有此特点。

4. 防止玻璃飞溅

20世纪中期以前,在发生的汽车伤亡事故中,由于破碎的车窗玻璃发生飞溅而造成的人员伤亡是首要因素,如何对其进行防范成了汽车安全的一大难题。现在,如果汽车贴了防爆膜,当发生事故导致车窗玻璃破碎时,强力的车窗膜和胶黏剂能够牢牢粘住破碎的玻璃,防止其飞溅,可起到保护人身安全的作用,如图6-27所示。

图6-27 贴防爆膜的玻璃发生破碎

5. 保护隐私

在不影响车内视线的前提下,车窗膜能够很好地阻挡车外的视线,这是由车窗膜的单向透视性决定的。这一特性大大提高了隐私性,不仅对于个性含蓄的车主有必要,对于大多数送货物的车主也有着很实际的作用。

6. 防眩目

车窗膜能够使后面其他车发出的刺眼大灯灯光变得柔和,这样,在夜间行车时,就可以避免由于后视镜反射大灯灯光造成的眩目，从而提高夜间行车的安全。

二、车窗膜的种类与基本结构

1. 车窗膜的种类

① 防晒车窗膜和防爆隔热膜等。普通车窗膜是一种染色膜，不含金属成分，只能降低透光度，保持车内空间的隐蔽性，时间一久就会慢慢褪色，这种膜不仅隔热效果差，对视线影响也大；防晒车窗膜是一种"半反光纸"，其隔热率为40%～50%，使用一两年后表面便会起氧化反应而发生变质；防爆隔热膜具有耐磨、半反光和防爆功能，隔热率可达85%以上。
② 车窗膜按颜色可分为自然色、黑色、茶色、天蓝色、金墨色、浅绿色和变色等品种。
③ 车窗膜按产地可分为进口车窗膜和国产车窗膜。

2. 车窗膜的基本结构

不同的车窗膜结构差异较大，即使同为防爆隔热膜其结构也不尽相同。如3M汽车防爆隔热膜主要由透明基材、"易施工"胶膜层、感应式黏胶层、隔热膜层、安全基层及耐磨外层组成。Llumar（龙膜）防爆隔热膜主要由保护膜、防粘层、安装胶、紫外线吸收剂、深层染色聚酯膜、合成胶、金属层、防划伤层等组成。

还有一种高科技车窗膜叫纳米太空膜，这种车窗膜对光线进行选择性吸收。它对紫外线的阻隔率接近100%，对红外线的透过率为20%，而对可见光的透过率则达80%以上。纳米太空膜与众多防爆膜采用的"金属反射"的原理不同。防爆膜是通过金属对光的反射与散射，达到隔热防晒的目的，因此这种金属膜具有单面透光性，也就是通常所看到的汽车贴膜后里面看得到外面，而外面却看不到里面的"镜面效应"。由于纳米材料是有选择性地透过可见光，同时能反射紫外线、红外线等对人体有害的光线，所以可以形象地将纳米太空膜比喻成"筛子"。另外由于材料不同，纳米太空膜不易发生金属膜那样的褪色现象。

三、车窗膜的性能指标

1. 清晰性能

这是汽车车窗膜最重要的性能，因为清晰性能直接关系到人身安全。无论车窗膜的颜色多深，在夜间倒车时，都应该视野清晰而不模糊，从后视镜和后挡风玻璃能看到60m以外的物体。而劣质膜拿起来看时，会有雾蒙蒙的感觉。

2. 隔热率

隔热率是体现车窗膜隔热性能的重要指标。目前优质的防爆膜隔热率在50%以上（更高的可达70%以上），高隔热性可提高舒适性，降低空调负荷，节省燃油。

3. 防爆性能

防爆是指在汽车发生意外事故时，不会产生玻璃的飞溅而造成人身伤害。这也是汽车车窗膜的一个重要性能。当车窗膜满足防爆要求时，应是越薄越好。膜片越薄，清晰度越高。

4. 紫外线隔断率

对于防爆车窗膜来说，紫外线隔断率必须达到80%以上。好的车窗膜能有效防止乘车人员被过量的紫外线照射，灼伤皮肤，同时，还能保护车内音响及其他装饰不被晒坏、褪色老化，而劣质膜很多没有这一指标，或者紫外线隔断性能很低。

5. 颜色

防爆车窗膜通常采用本体渗染和溅射金属着色的方法使膜有颜色，纯溅射金属车窗膜有金属色的称为自然色。采用这两种方法着色的车窗膜是不易褪色的，尤其是自然色的车窗膜。但市场上很多低档劣质车窗膜，大多采用黏胶着色法来着色。这种车窗膜不耐晒，而且很易褪色，严重的会变成无色透明。

6. 胶与颗粒泡

胶当然是越薄越好，因为胶会老化，胶层越厚老化越快，会影响车窗膜的寿命，更重要的是会影响膜的清晰性能，所以高质量膜的胶层都极薄。

颗粒泡是由于空气中飘浮的尘埃产生的，在贴膜过程中是不可避免的。胶层厚了，贴膜时能将尘埃压进胶里，所以颗粒泡并不明显。高质量车窗膜的胶层很薄，颗粒泡就比较明显。这也是区分车窗膜好坏的一个重要方法。

7. 防眩光

防眩光就是在面对阳光开车或夜间会车时，可消除刺眼的感觉。对于汽车车窗膜来说，这个性能也很重要。

8. 膜面防划伤层（耐磨保护层）

优质高档的车窗膜表面都有一层防划伤层，在正常使用下能保护车窗膜面不易划伤，而低档车窗膜则无此保护层，在贴膜时会被工具刮出一道道划痕，令车窗膜面不清晰。

3M汽车防爆隔热膜的性能见表6-1。

表6-1　3M汽车防爆隔热膜的性能

特点	优点	益处
专用的抗撕裂、抗穿透聚酯薄膜	是玻璃的安全屏障，使玻璃更坚韧，使玻璃更具抗穿透性，强度超过标准薄膜	可减少破碎玻璃的伤害，有助于人身和财产安全
3M强力、清澈的黏胶	如玻璃破碎可将玻璃碎片粘在一起，粘接持久，经久耐用	可减少破碎玻璃的伤害，有助于人身和财产安全，持久的透明度及保护性能
坚固的丙烯酸耐磨涂层	耐擦洗	久用如新
独特的易施工黏胶层	易清洁	可保持车窗良好的透明度和视觉性
隔断紫外线层	可阻挡紫外线，使薄膜不受紫外线破坏	大大减少车内物品、装潢褪色，薄膜经久耐用，常保清澈透明
超薄金属涂层	可隔断太阳热，能隔断眩光	可大大减少车内物品、装潢褪色，降低能耗（省钱）
3M的品质保证	具有优异品质，不变色，玻璃不会热应力而破碎，3M技术支持	令客户无后顾之忧

四、车窗膜的选择与鉴别

1. 通过感觉器官来判断

（1）看

① 看透光率。优质车窗膜的透光率可高达80%以上，而且无论颜色的深浅，都非常均匀，向车窗膜的保护层一侧看过去清晰度极高，不会影响正常的视线。选择透光率在85%以上的车窗膜（尤其是前排两侧窗的膜）较为适宜，而且要能降低其他车辆前照灯光线的眩目程度。一般来说，贴膜后从后视镜需能看清楚后面60m的情况。

② 看颜色。防爆隔热膜是一种高科技产品，它采用金属溅射工艺，将镍、银、钦等高级金属涂于高张力的天然胶膜上，无论在贴膜过程中还是在日后的使用过程中都不会出现掉色、褪色现象。防爆隔热膜的颜色多种多样，再加上自然柔和的金属光泽，令防爆隔热膜可以搭配各种颜色和款式的汽车。普通膜和防晒车窗膜是将颜色直接融合在胶膜中，撕掉上层塑料纸后，用力刮粘贴面，会有颜色脱落现象，这种膜使用一两年就会褪色。选择与车身搭配合适的膜也需要看车辆的用途，如果车辆不是主要用于载货，应尽量选择浅色的膜，如绿色、天蓝色、灰色、棕色、自然色等，无论从车外还是从车内看起来都会很舒服。

③ 看气泡。撕开车窗膜的塑料内衬后再重新合上，劣质车窗膜会起泡，而优质车窗膜完好如初，经久耐用，不易变色。

（2）摸　劣质车窗膜手感软而脆，很容易发生褶皱；防爆膜一般比较厚且硬，主要是因为膜中有数层纵横交错的聚酯膜层；隔热车窗膜则相对较薄且柔软，表面手感平滑。

（3）闻　劣质车窗膜选用质量比较差的材料，做工粗糙，在撕开保护层之后会有很难闻的胶臭味。这股胶臭味在贴膜后仍然存在，会长期影响车厢内的气味。

（4）试　车窗膜的一大作用是隔热。最简单的测试方法是直接体验。很多贴膜专业店会有隔热试验架。架上的玻璃已经贴有车窗膜，当旁边的数盏500W的太阳灯打开时，就能很清楚地用手感觉到有膜和无膜，以及不同车窗膜之间的隔热效果区别。另外，把车窗膜保护层撕开之后在粗糙的地面上来回刮几下，好膜能够不褪色，差的膜会失去原有的颜色。

当然，在实际选车窗膜时还会有其他的考虑因素，如车主的性别、年龄及个人喜好，具体车型的搭配等。

2. 通过膜的质量认定书来鉴别

很多知名品牌的膜都有质量认定书（图6-28），只要选用了该品牌的膜，在施工后就会得到质量保证和维修承诺。而冒牌产品、水货、串货都没有正规的质量认定书。

如3M公司通过授权施工中心向能出具质量认定书的车主提供原厂5年品质保证。车主在贴膜后把申请卡寄回3M公司。3M公司在收到申请卡后，即直接向车主

图6-28　3M质量认定书

寄送5年品质保证书。其他的知名品牌也有类似的质量保证。

另外，车窗膜的质量要由质量认定机构来认定。比较有名的质量认定机构有ISO国际品质认证、中华人民共和国交通安全产品检测、日本JIS品质认证、美国隔热协会IWFA技术认证等。

五、车窗膜的品牌

1. 威固（VKOOL）

威固汽车贴膜品牌来自美国，生产商韶华科技是专业的汽车贴膜制造品牌，从20世纪70年代以来从事柔性塑料薄膜上光学镀膜产品的研发和生产，在2012年被伊士曼化工集团收购，现在威固汽车贴膜品牌隶属于伊士曼化工集团旗下。

从生产工艺上，威固汽车贴膜品牌采用磁控溅射工艺、智能光谱选择技术，属于第四代汽车贴膜产品。经典前挡风玻璃型号威固VK70是其超级"爆款"，是应用在前挡风玻璃隔热的顶尖产品，属于汽车贴膜中的高端产品，面对的客户群是中高端车主。威固产品要求的施工流程也很规范，每年都会在我国各地举办"威固杯"全国巡回汽车贴膜比赛。

2. 3M

3M公司是世界著名的产品多元化跨国企业，产品已深入人们的生活，从家庭用品到医疗用品，从运输、建筑到商业、教育和电子、通信等各个领域。借助集团公司所积累的家喻户晓的品牌知名度，3M汽车贴膜知名度也很高。3M汽车贴膜面向全球市场，主要是用于平板玻璃，3M的汽车贴膜品牌主要靠收购发展起来，另有部分贴牌产品；3M汽车贴膜属于吸热型的薄膜，经典型号是晶锐系列，短时间隔热效果好。

3. 龙膜

龙膜是全球备受瞩目的高性能建筑玻璃膜品牌，由建筑膜起家，在建筑膜领域市场占有率很高；后转型发展汽车贴膜业务，龙膜面对的是中低端车型，赢领70系列为龙膜的常用前挡风玻璃型号。龙膜和威固一样，也采用多层溅射技术，龙膜结构比较坚固，具有很好的防划伤性能，是车主选择的重要原因。

4. 量子膜

量子膜自品牌诞生以来即立足于汽车贴膜，并结合市场的实际情况开发出一系列产品，包括高端、中端市场，是汽车贴膜市场比较具有竞争力的品牌。钻石70为量子膜代表产品，隔热好、清晰度高。量子膜多年花重金在宣传推广上，知名度较高，但品牌一直未能突破的原因在于产品使用普通的传统材料，隔热效果没有突破。

5. 强生膜

美国Johnson（强生）玻璃膜公司，总部位于美国加利福尼亚州卡桑市，是世界上最早从事汽车玻璃贴膜生产的制造商之一，性价比很高，其汽车贴膜的品质一直口碑较好，ES60为强生旗舰产品。强生相对其他的汽车膜品牌，其质地硬一些，抗划性好。

6. 雷朋

雷朋所有的产品都是由美国和日本两家隔热膜工厂生产制造的，雷朋的LB-895和LB-915为其旗舰产品。

7. 北极光

北极光的防爆膜除了应用在汽车玻璃上外，还应用在人们身边的各个领域，如建筑、住宅、商店橱窗、银行橱窗等。

第四节 汽车玻璃的贴膜工艺

一、汽车玻璃膜的结构特性

1. 汽车玻璃膜的种类

（1）控光膜　在汽车装饰美容中心我们经常能看到太阳膜、防光膜、隔热膜等，其实这些都是对控光膜的不同的表述。控光膜有如下特性。

① 厚度为20～50μm，能起到控制光线通过玻璃的作用。
② 合格的控光膜可以挡住90%以上的紫外线和红外线。
③ 具有单向透视功能，还能控制扰入的强光，减少眩光，使人的眼睛更舒适。

（2）安全膜　20世纪90年代中期出现了把控光膜和一层抗冲击的薄膜结合到一起的新产品，这种膜既有控光膜的隔热、防紫外线的作用，又提高了玻璃抗破碎能力，这就是安全膜。安全膜的厚度如果在150μm以上，能把玻璃抗冲击能力成百倍提高。我们经常听到的防爆膜实际上说的是安全膜中的高端产品。

2. 汽车玻璃膜的制造工艺

汽车玻璃膜是通过溅射技术在基材上实现多层不同的金属沉积于同一层面上，层层叠加，能形成均匀的颜色和光线的高水平选择性及透过特性。

汽车玻璃膜的基础是聚酯薄膜，它是以纤维级的聚酯切片为主要原料，采用先进的配方，经过干燥、熔融、挤出、铸片和拉伸，然后利用深层染色技术，将染料注入聚酯薄膜基片中而成的高档薄膜。还可以利用真空镀铝、磁控溅射技术生产出全金属化膜。聚酯薄膜被染成各种颜色，可以减少眩目强光和阻止褪色；透明或染色的聚酯薄膜被注入紫外线吸收剂，增加膜阻隔紫外线的特性；防划伤涂层和保护膜也加入膜的结构中；最后经过裁割、分卷、包装制成成品汽车玻璃膜。汽车玻璃膜制造流程如图6-29所示。

3. 汽车玻璃膜的结构

（1）低成本汽车玻璃膜的结构　对于低成本染色膜和低成本金属膜等质量较差的汽车玻璃膜来说，膜和安装胶里基本没有紫外线吸收剂等用以防护紫外线的技术，并且褪色很快，抗划伤性能也不好。低成本染色膜和低成本金属膜的结构如图6-30所示。

（2）高质量汽车玻璃膜的结构　对于高质量汽车玻璃膜来说，在膜上和安装胶中都采用了紫外线吸收防护技术，严格控制紫外线的通过率，并且防划伤性能良好，经久耐用，正常使用可以保证5～8年不会出现质量问题。高质量汽车玻璃膜的基本结构如图6-31所示。

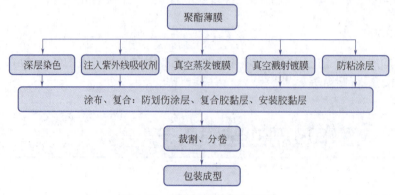

图6-29　汽车玻璃膜制造流程

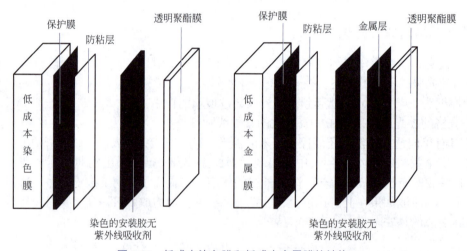

图6-30　低成本染色膜和低成本金属膜的结构

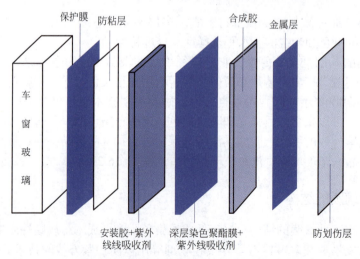

图6-31　高质量汽车玻璃膜的基本结构

4. 汽车玻璃膜的特性

（1）阻隔特性　热传导有三种形式：辐射、传导、对流。汽车玻璃膜主要是利用辐射和对流的形式来隔热，防的主要是太阳的辐射热，还能够阻隔紫外线以防止内饰老化损伤。贴膜和未贴膜的透明玻璃阻隔对比如图6-32所示。

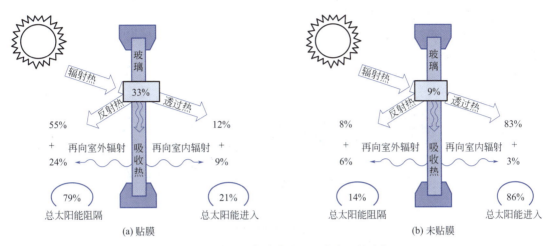

图 6-32　贴膜和未贴膜的透明玻璃阻隔对比

（2）防眩目特性　汽车玻璃膜能控制透过光线的强度，防止扰入的强光照射眼睛。尤其是在下午正对太阳行驶的时候，汽车玻璃膜防眩目的作用就更明显了。

（3）单向透视特性　如图6-33所示，有些汽车玻璃膜在制造的时候采用特殊的工艺，使膜具有了单向透视的功能。这种汽车玻璃膜粘贴到车窗上后，在车外看不到车内的事物，但是在车内能够清楚地看到车外的景物。需要注意的是，汽车玻璃膜的单向透视性有随光改向性，就是单向透视总会透向光线强的一面。也就是说，只有车内的光线比车外弱的时候，才不能看清车内；相反，如果车内的光线比车外强，则在车内会看不清车外情况。所以在晚间开车的时候一定不要打开车内的灯光，否则会对行车安全造成严重影响。

图 6-33　具有单向透视特性的汽车玻璃膜

（4）安全特性　汽车玻璃膜在玻璃破碎的情况下，能够保证玻璃碎片不脱落、飞溅，防止伤人。同时，高端汽车玻璃膜，还具有很好的安全防护性能。

（5）收缩特性　汽车玻璃膜的基片是由通过拉伸成型的长链高聚物复合而成的，在成型过程中，长链高聚物会沿拉伸方向定向排列。一旦再次受热，长链高聚物就会收缩回复到未拉伸的状态，这就是汽车玻璃膜加热成型的原理。

① 收缩方向。汽车玻璃膜的纵向也叫机器边方向，即膜的卷起方向，是主要的拉伸方向。一般来说，膜的收缩只能沿着这个方向。任何与机器边方向垂直的皱褶都可以很好地收缩。因此，一定要区分汽车玻璃膜的机器边方向和幅宽方向，正确地铺放和裁切汽车玻璃膜，为进一步的加热成型做好准备。正确地排布方向，才能使汽车玻璃膜热成型，如图6-34所示。

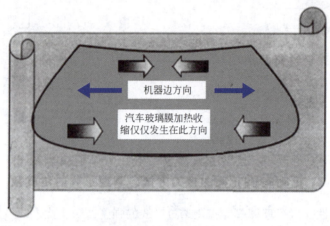

图6-34　正确排布方向

② 幅宽方向。顾名思义，幅宽方向就是与机器边方向垂直的横向，在该方向上汽车玻璃膜基本不能拉伸。而沿机器边方向排列的皱褶一旦受热，只会进一步拉伸变形，变得更难应对。错误的排布方向会导致汽车玻璃膜不能收缩，如图6-35所示。

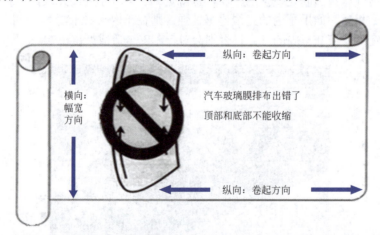

图6-35　错误排布方向

5. 汽车前挡风玻璃膜的特殊要求

① 我国2004年10月1日起实行的《机动车运行安全技术条件》规定：汽车前挡风玻璃的可见光透射率不允许小于70%。所以汽车前挡风玻璃要贴膜，必须贴透光率达到90%以

上的膜,以保证总透光率超过70%,达到安全的标准(图6-36)。

图 6-36　前挡风玻璃膜的特殊要求

② 所有车窗玻璃不允许张贴镜面反光遮阳膜。无论是为了满足隔热、防紫外线等控光要求,还是要防范意外事故、抵御非法侵犯,要采取措施就必须保证前挡风玻璃具有足够的透光性。所贴膜应以视线清晰、不增加前挡风玻璃的反光和不影响驾车安全为首要前提。

汽车前挡风玻璃膜在达到国家规定透光性的前提下,还要保证良好的控光性和安全性,所以前挡风玻璃膜绝对不能用其他膜代替。

二、汽车玻璃膜质量的鉴别

1. 假冒伪劣产品的危害

劣质汽车玻璃膜往往不经过环保检测,安全方面缺乏保障。在汽车玻璃膜产品的生产过程中,要用到甲醛和苯等基本溶剂。正牌产品,虽然制造过程中使用了这些溶剂,但是收尾的时候,会把它们重新提取出来。但是假冒伪劣产品没有这个生产工艺,成品膜上会有大量溶剂残留。将这种汽车玻璃膜贴到汽车玻璃上会直接对人体造成伤害。

阳光中真正有危害性的光线是紫外线,而不是红外线。红外线热能高,紫外线就不同了,它是对人体有危害的射线,照射的时间长了,被照射的部位会感觉到疼痛,甚至脱皮和生斑。劣质汽车玻璃膜产品往往只是把红外线挡住,而不阻隔紫外线。这种汽车玻璃膜贴到玻璃上以后,隔热效果很好,但是时间一长,手上、胳膊上、脸上的皮肤仍然会变黑,甚至会感觉到疼痛,以致脱皮,这些都是劣质汽车玻璃膜没有紫外线阻隔功能造成的。

再有,劣质汽车玻璃膜根本不具备安全性,贴上它以后甚至会增加汽车玻璃破碎时的伤害。

2. 正品的鉴别方法

(1)观察法　汽车玻璃膜和其他产品一样,正品往往很细腻、光滑、质地均匀,手触摸质感很强。假货、劣品则暗淡、粗糙、没有光泽。正品透光率极高,甚至可以达到95%。

（2）灯光检查法　检查时将汽车玻璃膜粘贴到玻璃上，用高功率的浴霸灯来照射以检验不同档次汽车玻璃膜的透光性、隔热性和单向透视性。汽车玻璃膜隔热性的好坏一目了然，如图6-37所示。

图 6-37　不同汽车玻璃膜隔热性对比

（3）检查安装胶层　可以通过检查其黏性、味道、是否掉色等来判断汽车玻璃膜质量的优劣。

① 检查安装胶的黏性。取一块5in（1in=2.54cm）相片大小的样品，把衬膜撕开，用手指粘上去以后甩不下来，说明膜的乳胶性能好。

② 判别安装胶的味道。撕开保护膜，高质量的汽车玻璃膜安装胶没有刺鼻的异味，而劣质的汽车玻璃膜，撕开保护膜以后会有刺鼻的味道。

③ 检查是否掉色。汽车玻璃膜通常是采用本体渗染和溅射金属着色的方法令膜有颜色，本体渗染使膜有颜色的称为自然色膜，溅射金属使膜具有金属色的称为金属膜，采用这两种方法着色的膜是不易褪色的，尤其是金属膜。但市场上很多低档、劣质的汽车玻璃膜，大多采用黏胶着色的方法来着色，即在黏胶中加入颜料，然后涂在无色透明膜上使膜有颜色，这种膜称为染色膜。这种膜靠颜色的深浅来隔热，隔热效果差，不耐晒，很易褪色，褪色后便无隔热功能。区分这些不同着色方法的膜，只需在膜的安装胶上喷些化油器清洗剂就可鉴别（染色膜会褪色）。

三、汽车玻璃膜的下料工艺

1. 下料要点

① 测量玻璃尺寸时一定要在玻璃外表面测量。若要利用模板进行下料，也一定要在玻璃外侧制作模板。

② 在玻璃膜上测量尺寸，或者利用模板裁切玻璃膜时，一定要在有保护膜的一面测量。

2. 汽车玻璃膜裁切工艺

① 裁切汽车玻璃膜使用的刀具硬度要适中，刀尖部位要光滑、无毛刺，保证能整齐裁切而不能划伤汽车玻璃膜。

② 裁膜时，刀具的工作部位集中在刀尖，一般连续裁切距离为3～4m。超出这个距离就要掐断旧的刀尖部位。

③ 裁膜时，刀具要尽可能放平，用力要适中，沿着裁切方向向后拉，而不是向前顶着推，如图6-38所示。采用这样的裁切手法，能保证裁膜边缘整齐，并且不容易损伤玻璃。

④ 裁膜的起点一般选择在直线与圆弧交接的部位，中间尽可能不要停顿，最好一刀成型，尤其是圆弧部位，更不能断断续续地裁切，否则很容易形成锯齿状边缘。

⑤ 对侧窗玻璃或以橡胶条固定的挡风玻璃裁膜时，一般以汽车玻璃外表面与橡胶密封条的边缘为边界进行裁切，如图6-39所示。

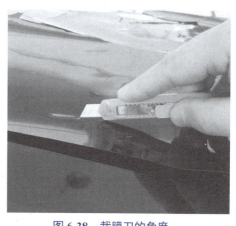

图 6-38　裁膜刀的角度

⑥ 粘接式的挡风玻璃外缘一圈有黑色釉点，这时最好以釉点的内缘为边界进行裁切，如图6-40所示。无论为哪种玻璃裁膜，为了获得最佳外观效果，在裁膜时可以采用一个人在车内用荧光灯向外照射的方法，来保证裁膜的准确性。

⑦ 在进行裁膜练习时，可以先用报纸代替汽车玻璃膜，先在报纸上利用模板画出图形，再按要求裁切，反复练习即可逐步掌握裁膜的基本要领。

图 6-39　侧窗玻璃裁膜

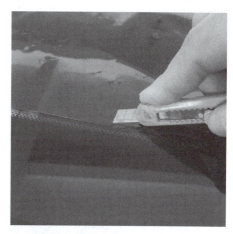

图 6-40　有釉点玻璃裁膜

四、汽车玻璃膜的热成型与排水工艺

1. 汽车玻璃膜的热成型工艺

（1）热风枪的使用

① 热风枪上有加热开关，并分加热挡位，用来调节加热速度的快慢。

② 有些热风枪上还有一个温度调节旋钮，可以设定和调节烘烤温度的高低，如图6-41所示。在烤膜时，一般把温度调节到200℃左右即可，出风口处的即时温度可通过显示屏显示，便于操作者及时调整，如图6-42所示。

③ 在使用热风枪加热时，注意出风口不要与被加热表面垂直，防止热风回流而造成热风枪损坏。在烤膜时，热风枪一般都保持45°角左右，并且要不断移动，当膜有收缩现象时

马上将热风枪移开。

图 6-41 调节温度旋钮

图 6-42 温度显示

④ 热风枪出风口与被加热表面不要距离太近，以免损坏设备和玻璃膜，甚至造成汽车玻璃的损坏。

（2）烤膜工艺

① 需要热定型的膜在裁切时一定要竖裁（也就是说玻璃的横向与膜的卷曲方向一致）。

② 定型时将汽车玻璃膜的保护膜朝外，铺于曲面玻璃的外侧，在汽车玻璃膜和汽车玻璃之间洒上安装液，用刮板将形成的褶皱调整成竖向。

> **注意：**
>
> 裁膜方向与褶皱调整方向要正确，否则汽车玻璃膜不会收缩。

③ 采用温度可调的热风枪对汽车玻璃膜进行加热，一边加热一边用塑料刮刀挤压汽车玻璃上的气泡和水，使汽车玻璃膜收缩变形，直至与汽车玻璃的曲面完全吻合。加热要均匀，不要过分集中，否则可能会因为温度太高造成汽车玻璃开裂，如图 6-43 所示。

图 6-43 湿烤热成型

2. 排水工艺

① 刮水。刮水的目的在于通过去除汽车玻璃表面的污水，达到清洁汽车玻璃的作用。

刮水工具为带有软胶条的刮水板,它的胶条柔软、平整、光滑,可以贴合汽车玻璃表面,以便方便地清洁黑色釉点区域、去雾线及其他表面的凹凸区域,并且即使有杂质颗粒,也不会划伤汽车玻璃表面,如图6-44所示。

② 挤水。挤水的目的在于通过去除汽车玻璃膜下面的液体达到缩短干燥周期,提高粘接强度的目的。挤水工具应使用坚韧、锋利、有弹性的挤水铲,它能最大限度地挤去安装液,提高工作效率,如图6-45所示。

图6-44 前挡风玻璃刮水

图6-45 挤水操作

挤水过程中要注意对用力方向的把握。刮水板的用力方式为"拖",挤水板的用力方式为"推",刮水和挤水次序及路径要重叠有序地进行。

第五节 汽车玻璃贴膜的施工

汽车玻璃形状不规则,尤其是前后挡风玻璃都有较大的弧度,同时汽车玻璃的安装方式有可移动的,也有固定式的,这样就给汽车玻璃膜粘贴施工带来很大的难度。技术人员应在掌握汽车玻璃膜基本施工工艺的基础上,才能进行汽车玻璃膜的粘贴操作。

车窗贴膜要求最终的施工效果必须无尘或有极少的灰尘。这除了要求施工者有很纯熟规范的操作手法之外,还对贴膜的施工场地和施工工具有严格的要求。

一、汽车玻璃贴膜的施工场地

汽车玻璃贴膜施工场地的密闭性、温度和湿度决定了贴膜时周围空气中的尘粒密度。为了尽可能减少空气中的尘粒,应该让汽车在一个不太大的密闭空间里,并且降低周围环境的温度,提高周围环境的湿度。无尘贴膜施工车间是能够满足这些要求的贴膜施工场地。在无尘贴膜施工车间里面,有空调和自动洒水设备用于降温及增湿,四周的玻璃墙和玻璃门可以有效防止外界的风沙,如图6-46所示。

图6-46 无尘贴膜施工车间

二、汽车玻璃贴膜的施工工具

汽车玻璃贴膜施工时要用到很多工具，其中大部分是贴膜专用工具。在品牌膜的施工店里都会有各种各样的工具包，有的做成围裙式，有的用一个精致的手提箱装着。贴膜工具多达30多件，能解决贴膜施工时遇到的各种问题。这些专用工具都是专门针对膜和玻璃的防损与保护而专门设计的。按这些工具的用途不同可分为保护工具、清洗工具、裁膜工具、热成型工具和排水工具。

1. 保护工具

① 保护膜。防止内饰部件和车身被清洗液及安装液淋湿，或液体残留而产生难以去除的污渍。

② 毛巾。用来保护仪表台、座椅等内饰。还可用于垫放工具，防止工具划伤并吸收流淌下来的清洗液和安装液。

2. 清洗工具

① 水壶。盛放汽车玻璃清洗液和安装液，使用时能产生一定的压力，将液体喷出，还可以调节喷雾形状。

② 铲刀。清除汽车玻璃上的顽固污渍和残留的粘贴物，如图6-47所示。

3. 裁膜工具

① 裁切剪刀。用来裁剪汽车玻璃膜，修饰形状，分离保护膜。汽车玻璃膜的裁切是在车窗玻璃上直接进行的。为了精确地裁出汽车玻璃膜，同时又不划伤玻璃，必须掌握正确的持刀方法。

② 测量尺。用来测量车窗和膜的尺寸，便于粗裁。裁膜时取直。

③ 裁膜工作台。用来摆放汽车玻璃膜和作为汽车玻璃膜粗裁时的操作台，要求平滑且不能过硬。

4. 热成型工具

① 热风枪。用于加热汽车玻璃膜，使其收缩变形，达到与汽车玻璃一致的形状。还可以将汽车玻璃上有用的粘贴物加热，以便取下，如图6-48所示。

图6-47　铲刀

图6-48　热风枪

② 大号塑料刮板。用于刮平汽车玻璃膜、在汽车玻璃膜加热收缩后辅助成型、辅助汽车玻璃膜排水、清洁玻璃，如图6-49所示。

5. 排水工具

① 橡胶刮水铲。用于刮平汽车玻璃膜，可以在成型时使用，也可以在贴膜时排水使用，如图6-50所示。

图 6-49　大号塑料刮板

图 6-50　橡胶刮水铲

② 橡胶刮板。用来排水，可彻底排水，如图6-51所示。

③ 小号塑料刮板。贴膜时辅助汽车玻璃膜插入密封条内，以便彻底排水，如图6-52所示。

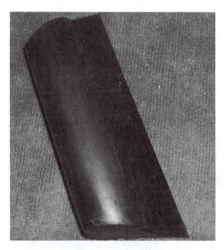

图 6-51　橡胶刮板

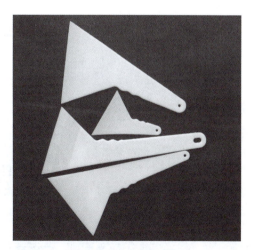

图 6-52　小号塑料刮板

三、清洗液和安装液

清洗液和安装液用于汽车玻璃的清洗和安装，专用的清洗液和安装液能保证汽车玻璃膜的安装质量。

1. 清洗液

清洗液对于分解和去除汽车玻璃表面及微孔中的油渍、污渍具有独特功效，能够去除汽车玻璃上的油迹、蜡或其他比较难清洗的污渍，达到最佳清洁程度。清洁的汽车玻璃表面能够极大地增强安装液的润滑效果。清洗液要按使用说明中规定的比例稀释后使用。

现在市场上有很多贴膜中心使用其他清洗用品替代汽车玻璃膜清洗液，施工质量无法保证。

2. 安装液

安装液有助于汽车玻璃膜的滑动定位，其成分类似于婴儿香波，但是不含甘油、香精、色素及其他多余添加剂，因而不会影响安装胶的化学组成及车膜中金属层的长期稳定性，使汽车玻璃膜与汽车玻璃达到最大粘接强度。安装液要按使用说明中规定的比例稀释后使用。

注意：

旧清洗液和安装液的沉淀物及小颗粒会造成玻璃膜与玻璃之间的斑纹和畸变点，因此应每天清洗容器瓶并更换溶液。

四、汽车侧窗玻璃的贴膜

如图6-53所示，从汽车玻璃膜的选择，到汽车玻璃膜的粘贴，再到交车，构成了汽车玻璃膜施工的整个工艺流程。具体的施工工艺会根据不同的汽车玻璃膜产品而有所不同，但基本的工艺流程相似。

图 6-53 贴膜流程

1. 内饰和外部的保护

汽车内饰的保护尤为重要，否则清洗玻璃的溶剂会弄污内饰或渗进汽车的电控系统而导致开关失灵甚至局部短路,所以必须仔细做好车辆的外露电控开关和音箱的保护。方法为用较厚的浴巾遮盖在仪表台和后盖板上,车门内饰板、座椅、方向盘等也要做好适当防护,如图6-54所示。车身的外部也需要适当的防护,以免划伤漆面。

2. 粗裁膜

(1)测量车窗尺寸　侧门窗顶部裁膜尺寸要大于原车窗玻璃边缘尺寸5cm,左右两边要大于原车窗玻璃边缘尺寸1cm,底部在上膜时预留1～2cm的余量,如图6-55所示。有时为了工作方便也可以利用车窗形状的模板进行粗裁膜。

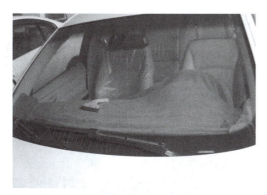

图6-54　仪表板保护

图6-55　测量车窗尺寸

(2)下料　下料时一定要注意两点。

① 确定侧门窗玻璃要定型烤膜时,裁膜一定要选择竖裁,即玻璃宽度的尺寸与膜的卷起方向一致。

② 在膜上施工时,一定要在有保护膜的一面进行,否则裁下来的玻璃膜形状会与玻璃形状相反。

3. 清洁

(1)清洁玻璃密封条　窗门玻璃密封条有两种类型:胶边和毛边。

① 胶边的两种清洁方法:用吹气风枪吹出藏于密封槽内的沙粒、杂物;或者向密封槽内喷洒适量的清水,用直柄塑料刮板直接清理内槽。

> 注意:
>
> 使用刮板时要包覆一层擦蜡纸,擦拭时要按一个方向进行,不要来回擦拭,以免沙粒和污垢黏附于擦蜡纸后又被带回槽内,每刮一次都要变换擦蜡纸的清洁面。

② 毛边的两种清洁方法:用2cm宽的美纹纸贴住密封槽边上的内毡毛;或者将喷壶嘴调至最小出水量,喷洒少量清水在毡毛上,使毡毛稍微湿润,粘住毛体。

(2)玻璃外侧的清洁　在玻璃外侧喷洒清洗液,用手涂抹一遍,因为人手的敏感度很强,能感触到稍大的尘粒,遇到黏附较牢的污垢时可用钢片刮刀清除,其他部位用擦蜡纸清理,如图6-56所示。

4. 定型和修边

除个别车款,侧窗太阳膜基本不需要加热预定型,可直接覆在玻璃外侧上压刮定型。

将汽车玻璃膜平铺于玻璃外表面,保护膜朝外,注意汽车玻璃膜边缘要平行于外部底边压条,并确保有足够余量(3~6mm)低于车内压条。换上崭新的刀片,在汽车玻璃膜两条边的夹角处将刀片的头部刺入,刀片顶端靠住现成边框,利用窗框或胶条作引导进行切割。下部裁切完成后,将膜滑动到适合的位置,使用硬片挤水工具,在汽车玻璃膜上挤刮几下固定住整个膜,小心地将膜从底部揭起,然后降下车窗玻璃,露出车窗玻璃顶部,利用玻璃的边缘进行顶边裁切。汽车玻璃膜修整完成后转移到裁膜案板上,进行最后的修边,如图6-57所示。

图6-56 清洁玻璃外侧

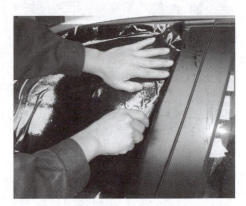
图6-57 修边

5. 清洁玻璃内侧

玻璃的内侧面为真正的贴膜面,清洁一定要彻底,应按下列要求反复清洁。

① 先对车厢内部空间喷洒细微的水雾,使空气中的尘埃沉聚下来,减少座椅和地板扬尘。

② 在玻璃上喷洒清洗液,然后用手涂抹,检查和剔除稍大的尘粒,对于黏附较牢的污垢和撕下的贴物残胶可用钢片刮刀去除,用硬质的直柄塑料刮板自上而下,由中间向两边清除玻璃上的灰尘,每刮扫一次必须用干净的擦蜡纸去除刮板上的污物。整幅玻璃每刮扫一遍,要用清洗液喷洒一次,最后,用刮板刮除积水,确认玻璃已十分光滑、干净、"一尘不染"时,才可转入贴膜,如图6-58所示。

6. 剥离保护膜

在玻璃内表面清洗完成后,将汽车玻璃膜的保护膜撕开,用安装液喷洒暴露的安装胶。这样,安装胶会临时失去黏性,允许汽车玻璃膜在干净的玻璃内表面平稳地滑动。喷完安装液以后,再将保护膜贴到玻璃膜上,防止沾染灰尘和杂物,如图6-59所示。

7. 汽车玻璃膜的铺贴

侧门窗玻璃的性能有两种:防水玻璃(奔驰、宝马等使用)和不防水玻璃(多数普通车款使用)。贴膜时,由于防水玻璃在喷水后水珠不会附着,水分流失快,故宜采用由下向上的贴法（优点是下端积聚水分较多，利于膜的移动）。不防水玻璃由于喷水后水珠会附着，水分流失少，故通常采用由上向下的贴法（优点是能有效避免沙粒粘到膜上）。一般贴膜多数采用由上至下的贴法。首先在玻璃内表面喷洒安装液，撕掉保护膜，将膜整个揭起，尽量准确地安放在玻璃内侧并滑动到理想的位置，如图6-60所示。

8. 排水

在每片汽车玻璃膜安定于它的最终位置后，应立即在玻璃膜表面再次喷洒安装液，润滑需挤水的表面，同时，把保护膜粘贴到汽车玻璃膜的背面。采用专用的挤水工具可排除所有"气泡"和尽可能多的安装液，如图6-61所示。几天后残留的水分慢慢地透过玻璃膜而被排除。汽车玻璃膜干燥的时间取决于气候、湿度、汽车玻璃膜的结构和挤水后残留水分的多少。

图 6-58 清洁玻璃内侧

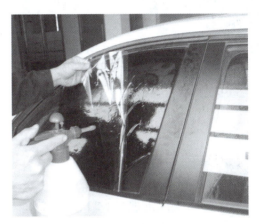

图 6-59 剥离保护膜

图 6-60 铺贴汽车玻璃膜

图 6-61 排水

9. 清洁和检查

当安装工作完成后，将所有车窗玻璃仔细地擦洗一遍，去除条纹水迹和污迹，使整个汽车光洁一新，如图6-62所示。需要查看和解决的问题包括有无气泡或微小的地毯纤维、使用专用硬质挤水片沿某一边缘排除贴膜问题。

10. 移交

如图6-63所示，把汽车擦净后驶到室外，完成最后的视觉检查。在日光下检查没有任何缺陷后，准备提交汽车给客户，并向客户解释质量保证程序以及基本的保养和维护说明。

贴膜完毕1～3天内不要摇下车窗，不要清洗内侧车窗，以保证达到令人满意的施工效果。

图 6-62　清洁和检查

图 6-63　移交

五、汽车前后挡风玻璃的贴膜

1. 前后挡风玻璃的贴膜基本流程

前后挡风玻璃的贴膜基本流程与侧窗玻璃一样，只是由于几乎所有前后挡风玻璃都有不同程度的球形弯曲，妨碍汽车玻璃膜在玻璃上铺平，使汽车玻璃膜产生褶皱。早期，市场上用多片贴膜拼接来贴弯弧玻璃的汽车玻璃膜，但接缝处会很难看。后来改进为在电热丝处裁开，切口比前者隐蔽，但是操作时很容易把电热丝切断，使车辆失去除霜、去雪的功能。

如图6-64所示为目前市场上流行的热整型方法，可以保证整张膜粘贴在前后挡风玻璃上。采用这种方法贴膜时的技术难点就是热成型，也就是需要将平面的玻璃膜通过加热定型的方法加工得与玻璃球面形状一致，才能进行整张粘贴。

图 6-64　汽车前挡风玻璃的贴膜

对球面明显的汽车前后挡风玻璃膜热成型时,不仅要保证膜的质量要好,贴膜技师的技术水平也要有保障。有时还需要进行多次热成型,才能使膜与玻璃形状一致,如图6-65所示。

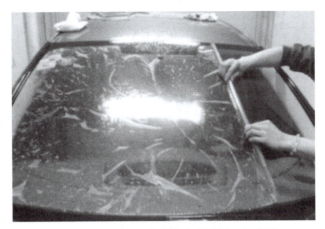

图 6-65　弧面很大的汽车玻璃膜需二次成型

2. 黑色釉点区域的处理

挡风玻璃内侧的黑色陶瓷釉点区域增加了施工难度。在安装过程中,随着安装液的蒸发,会在黑色釉点区域出现白边的现象,这是由于胶脱离了膜层而造成的。为了避免这种现象,可以先让膜干燥约1h,再用尼龙包裹硬挤水板,最后再包上一层纸巾,均匀有力地挤压贴膜的黑色釉点区域。也可以用刀片刮平,使用刀片时要十分小心,防止刮坏其他部位。

六、处理贴膜缺陷

1. 气笋

气笋是指车窗膜排水后仍然存在像竹笋尖端一样的气泡,不与玻璃贴合,如图6-66所示。

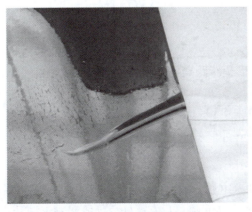

图 6-66　汽车玻璃膜气笋缺陷

（1）形成原因
① 排水不彻底。
② 车窗膜成型不好，成型时没有与车窗形状一致就急于粘贴。
（2）解决方法
① 进行排水处理。
② 轻微加热，并用刮板压实。
③ 在边缘部位进行固定，防止气笋重新出现。

2. 褶皱

褶皱是指玻璃膜打褶，内部粘接在一起，无论如何刮平都无法消除，如图6-67所示。
（1）形成原因
① 热成型过度，汽车玻璃膜被烤焦。
② 排水手法不正确，使玻璃膜打褶。
③ 剥离保护膜或铺贴汽车玻璃膜时不小心，造成汽车玻璃膜打褶。
（2）解决方法　换新膜，重新粘贴。

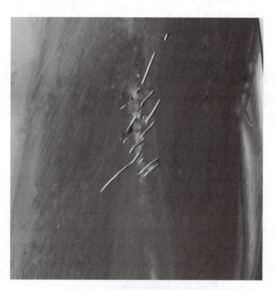

图 6-67　汽车玻璃膜褶皱缺陷

3. 边缘不齐

汽车玻璃膜边缘与玻璃边缘距离不等，呈锯齿状或波浪状，如图6-68所示。
（1）形成原因
① 裁膜时不细心，下刀不稳，下刀方向不对。
② 裁膜刀过钝，撕扯玻璃膜。
（2）解决方法
① 进行精细修整。
② 修整后如果效果依然不好，或者边缘过大，则换新膜，重新粘贴。
③ 边缘留下1～2mm的微间隙，只有这样才能既美观又防止卷边。

图 6-68　汽车玻璃膜边缘不齐缺陷

4. 划破汽车玻璃膜

汽车玻璃膜在排水时被划出孔洞,如图 6-69 所示。

图 6-69　汽车玻璃膜划破缺陷

（1）形成原因
① 排水工具没有磨光、磨平,有尖锐突出部位。
② 玻璃没有清洗干净,有沙粒等杂物。
③ 排水时不细心,工具刮坏汽车玻璃膜。
（2）解决方法
① 换新膜,重新粘贴。
② 排水工具要精心处理,刃口部位不能尖锐突出。

③排水时要顺着玻璃的弧度施工。

5. 夹入杂物

如图6-70所示，夹入杂物是指汽车玻璃膜与玻璃之间有异物夹入，这种缺陷是贴膜时最普遍的。造成这种缺陷的原因多种多样，在整个贴膜过程中，任何一个环节没有注意到都可能造成杂物进入。下面将常见的形成原因和解决方法归纳如下。

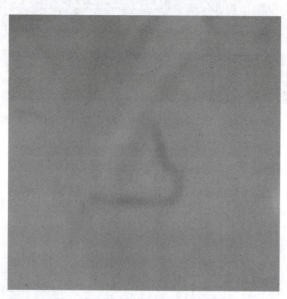

图6-70　汽车玻璃膜与玻璃之间有异物夹入

（1）工作环境的原因　许多贴膜场所没有密闭室，有些人在路边操作，大小汽车呼啸而过激起许多灰尘，风速较大时也有灰尘，因此，若在没有密闭室的条件下贴膜时必须关闭所有车门后才能进行操作。

玻璃洗好之后或拆开保护膜时不可让车外人员开关车门，有时用力关门会造成空气快速流动而带入大量灰尘或沙粒。贴膜时要在室内进行，工作场所要进行除尘、防静电处理。有条件的最好建造专用的贴膜间，保证工作环境清洁。

（2）施工人员自身的原因　拆开汽车玻璃膜透明部分的保护膜时会产生静电，如果贴膜时贴膜人员所穿的衣服是毛料，或是粘有棉絮或灰尘的衣服，则不适合进行贴膜作业，因为衣服上的棉絮或灰尘等杂质会被静电吸附到膜上。

（3）使用的清洗用品　70%以上的施工人员直接使用未经过滤或沉淀的自来水贴膜，这样做是不正确的。因为自来水管里有许多杂质或沙粒影响水质，有时更换水管管路时也会影响水质，因此，贴膜时所用的水一定要经过过滤或沉淀，保证清洗液洁净。

6. 贴膜后车窗看上去雾蒙蒙的

这是膜在干燥过程中的一个正常现象，是由于安装液没有挥发完全造成的，对于磁控溅射膜以及安全防爆膜，这种现象更为突出。一般来说，这种现象会随着时间慢慢减弱，最后完全消失。当然这一时间也要取决于膜的种类、环境的温度以及湿度，温暖干燥的气候以及太阳的直射都会加速膜的干燥过程。对于贴膜施工人员而言，要注意使用正确的挤水方法，尽可能地挤掉安装液，缩短干燥时间。

7. 贴膜几天后汽车玻璃出现破裂现象

这是由多种原因造成的，总结起来主要有以下几点。首先，汽车玻璃的自爆是难以避免的。有的人认为这是由于汽车玻璃中的硫化镍造成的，还有人认为汽车玻璃在钢化过程中会产生微裂纹，当温度下降时，汽车玻璃内的热应力就会使微裂纹发展成为裂纹，最终破裂。

另外，极有可能是由于未使用专用不锈钢刀裁膜造成的。有人认为之所以使用不锈钢刀片，是因为它不会生锈，其实这并不是主要原因。一般的碳钢刀片会划伤玻璃，当温度下降时，划伤的部位就会进一步引发玻璃的自爆，因此，贴膜施工人员应该使用专用不锈钢刀片，并掌握正确的用刀方法。

最后，热风枪的不当使用也会造成汽车玻璃的破裂。从热风枪中出来的空气最高温度可以达到650℃，几乎等于汽车玻璃钢化时的热处理温度。因此，当汽车玻璃在该温度下过度加热，然后缓慢冷却，受热部位就会恢复到未钢化前的状态，从而削弱了汽车玻璃的强度。当温度变化引起热应力时，最终就会造成玻璃的破裂。

总之，汽车钢化玻璃的自爆是由多种原因造成的。对于贴膜安装人员而言，一方面要使用专用不锈钢刀片，并掌握正确的方法；另一方面，当使用热风枪时，应注意加热温度的控制，加热过的汽车玻璃以不烫手为宜，干烤不失为一种安全且理想的加热方式。

参考文献

[1] 刘春晖，李祖深.全程图解汽车美容［M］.北京：机械工业出版社，2018.
[2] 杨智勇，惠怀策.汽车美容装饰入门与技巧［M］.北京：化学工业出版社，2017.
[3] 林旭翔.汽车美容与装饰［M］.北京：人民交通出版社，2018.
[4] 宋孟辉.汽车美容与装饰［M］.第2版.北京：机械工业出版社，2016.
[5] 周燕.汽车美容与装饰［M］.第4版.北京：机械工业出版社，2017.
[6] 叶子波.汽车美容与装饰［M］.北京：机械工业出版社，2016.
[7] 冯培林.汽车美容［M］.北京：化学工业出版社，2015.
[8] 谭本忠.汽车美容与装饰图解教程［M］.第2版.北京：机械工业出版社，2016.
[9] 辛莉.汽车美容与装饰［M］.北京：机械工业出版社，2013.